여성 성경공부 교재

재 대신 화관 성경공부

학생용

CROWN OF BEAUTY

Originally Published in the USA
Under the title CROWN OF BEAUTY
Printed by permission of Sue Shan Corl and Grace Im

여성 성경공부 교재 : 여성들이 새롭게 회복되는 –

재 대신 화관 성경공부

학생용

수산 콜(원작) · 그레이스 임(인도자용 글) 지음
민수진 · 그레이스 임(임승옥) 옮김

베다니출판사

“ 무릇 시온에서 슬퍼하는 자에게
화관을 주어 그 재를 대신하며
기쁨의 기름으로 그 슬픔을 대신하며
찬송의 옷으로 그 근심을 대신하시고
그들이 의의 나무 곧 여호와께서 심으신 그 영광을 나타낼 자라
일컬음을 받게 하려 하심이라 ”

(이사야61:3)

contents

감사의 글

이 책은 인생의 구원자 그리스도께서 내 삶에 역사하신 은혜가 아니고서는 존재하지 못했을 것이다. 주님의 인내는 영원하시다. 그리고 주님의 은혜는 관대하시다. 주님께서는 내가 완전한 그리스도를 닮아가도록 계속해서 나를 회복의 길로 인도하고 계신다.

예수님, 매일 순간순간 사랑해 주시며, 자비를 베풀어 주심에 감사를 드린다. 또한 따뜻한 치유의 말씀과 내 영혼의 변화를 위해 강하게 역사하심에 감사를 드린다.

주님, 주님께서는 나를 외로움으로부터 건져내시어 날마다 나의 신랑과 아름다운 춤을 추게 하셨다. 주님께서 내게 기쁨을 주시기에 내 안에 용기가 지속적으로 솟아올랐다. 주님의 임재 안에 거하면서 창조주 하나님을 찬양하는 것이 나의 가장 큰 기쁨이다.

「재 대신 화관 성경공부」에 참여하는 모든 분들에게 주님의 기름 부으심이 임하여 내게 부어주신 자유함의 축복을 함께 경험하도록 인도해 주소서.

사랑하는 남편에게!

당신의 지속적인 헌신과 사랑으로 인해, 내 마음을 치유하시는 주님의 사역이 끝없이 펼쳐지고 있다. 나의 구개파열조차 "하나님께서 사랑하시는 아름다운 증표"라고 말해 주어 감사하다. 당신의 그 말이 내 삶에 얼마나 강하게 역사했는지 모른다. 아이들과 나를 위한 당신의 끝없는 헌신에 감사드린다. 하나님께서 바라시는 온전한 여성으로 거듭나도록 아내를 격려하며 지지해주는 남편들이 세상에 그다지 많지 않다는 것을 나는 잘 알고 있다.

사랑하는 아들 크리스와 딸 조안나에게!

너희들은 하나님께서 나에게 주신 소중한 선물이란다. 너희들은 내 삶에 큰 기쁨을 준다. 너희와 함께 나누는 친밀함과 사랑은 내게 너무나도 소중하단다. 하나님께서 그분의 영광을 위해서 너희들에게 주신 은사와 재능을 보면서 나는 놀라고 있다. 너희들의 하나님과의 동행, 근면, 다른 사람을 향한 친절과 존경, 복음에 대한 담대함, 하나님과 부모를 향한 순종 그리고 아름다운 하나님의 성품을 보면서 너무도 자랑스럽게 생각한다. 나는 너희들이 아버지이시고, 왕이신 그리고 생명의 힘을 주시는 성령님의 친밀한 사랑을 깨달으며 성장하기를 기도한다.

모린!

당신은 내게 소중한 친구, 기도 파트너 그리고 오랜 세월 동안 함께 일해온 동역자이다. 주님께서는 그분의 치유의 강가로 우리 둘을 함께 인도하셨다. 주님은 주님의 연민, 위로, 자비, 용서, 지혜 그리고 사랑의 도구로 당신을 사용하셨다. 이 사역이 기도와 찬양 사역으로 인도 되도록 도와주심에 감사드린다. 우리가 멀리 떨어져서 산다 하더라도 늘 같은 마음으로 함께하도록 하나님이 도와주시길 소원한다.

너무도 많은 친구들이 이 사역을 위해서 지속적으로 나를 격려해 주었다.

이 성경공부 교재가 나올 수 있도록 도전하며 기도해 주었다.

셰리와 린 그리고 테리!

여러분들의 끊임없는 중보기도, 우정, 격려의 말과 편집에 감사드린다.

그레이스!

이 성경공부 교재를 통해서 많은 자매들의 삶을 변화시키며, 한국 자매들에게 이러한 내용을 나누어 주신 것에 감사를 전한다.

퀘이스!

당신의 귀한 우정과 다른 문화에 잘 적응할 수 있도록 도와주신 것에 감사드린다.

일레인과 그레이스 그리고 여러 나라의 귀한 자매님들!

이 책의 내용을 번역해 주시고, 여러 나라의 많은 자매들이 치유, 자유 그리고 회복을 누리게 하신 것에 감사한다.

마지막으로 엄마!

나를 향한 엄마의 끝없는 돌봄, 기도 그리고 상담을 통해 나를 하나님의 육체적, 감정적 그리고 영적 치유의 도구로 쓰임받게 하신 것에 감사드린다. 시간, 돈, 격려의 말, 기도 외에도 엄마는 내게 예수님과 같은 모델이 되어 주셨고, 귀한 아내와 하나님의 종, 하나님의 사랑하는 자가 되도록 가르쳐 주신 것이 감사하다. 엄마, 사랑해!

추천의 글

「우리 동네 중보팀은 날마다 응답이다」(베다니출판사)라는 나의 간증집이 2년 전에 출간되었다. 나의 간증을 들은 여러 사람들이 책을 통해 좀 더 많은 분들과 간증을 나누면 좋겠다고 권유했다. 하지만 고등학교 때 미국으로 이민갔던 내가 한국어로 책을 쓴다는 것은 어려운 일이라고 생각했다.

뿐만 아니라, 치유를 주제로 한 기독교 서적들이 이미 많이 출간되었는데, 굳이 또 한 권의 책을 쓸 필요가 있을까 생각하며 주변분들의 권유는 감사했지만 쉽지 않겠다고 생각하고 있었다. 그런 가운데 하나님의 강력한 인도하심으로 2012년 9월 20일에 나의 간증집이 출간되었다.

내 간증집을 출간 준비하는 과정 가운데 그 책에서 소개한 「재 대신 화관 성경공부」 교재의 내용을 보고 베다니출판사에서 출판을 제안했다. 그 제안을 듣고 나는 '아~이 간증집을 통해서 하나님은「재 대신 화관 성경공부」교재를 출간하기 원하시구나!'라고 깨닫게 되었다. 소그룹에서 혹은 일대일로 여성들이 함께 진리의 말씀을 나눌 때, 하나님께서 그들의 마음의 깊은 상처들을 만져 주시리라는 것을 더욱 확신하게 되었다.

2009년 3월 북경에서 열렸던「재 대신 화관」세미나에서 수산 콜과의 만남은 내 삶에 놀라운 축복을 주었다. 세미나에 다녀온 다음날부터 이 성경공부 교재의 말씀들을 중보팀과 나누면서 나와 나의 중보팀원들은 마음속에 숨어 있던 상처들을 치유받기 시작했다. 마음의 깊은 상처의 뿌리를 발견하고 치유받으면서 각자의 삶속에서 놀라운 변화들을 경험하기 시작했다.

「재 대신 화관 성경공부」에서 제시하는 치유의 모델은 단순하지만 강력하다. 예수님의 이름의 능력을 믿고 선포하는 기도를 통해서 영적 자유함을 경험하게 된다. 특히 우울증과 자살충동이 만연한 현시대에 영적 치유를 위해서 필요한 성경적 내용들을 다루고 있다.

이 성경공부의 저자인 수산 콜(Sue Shan Corl)은「재 대신 화관」세미나와 성경공부 교재(학생용과 인도자용)를 통해서 고통스럽고 어두웠던 자신의 과거의 삶에서 어떻게 자유함을 누리게 되었는지를 진솔하게 소개한다. 이런 과거의 아픈 상처 가운데 아직도 묶여서 살아가는 많은 여성들에게 이미 현장에서 놀라운 증거를 보여준 이 책을 통해 치유와 영적 자유함의 과정을 소개하고 격려한다. 그리고 날마다 하나님과 친밀한 동행을 통해서 치유받고 회복된 삶이 얼마나 아름답고 풍성한지를 보여준다.

나는 이 성경공부 교재를 통해서 많은 여성들이 저자가 경험한, 그리고 나와 우리 중보팀들이 경험하고 있는 영적 자유함과 치유의 응답들을 함께 경험하게 되길 소원한다. 이 교재를 통해서 한국 교회의 많은 여자성도들이 치유받고 회복되어 각자가 소유한 아름다움이 꽃처럼 피어나는 삶을 경험하길 간절히 기도한다.

임승옥(Grace Im)

이 교재의 목적

"재 대신 화관" 성경공부에 참여한 당신을 예수님의 이름으로 환영한다.

이 성경공부는 12주 동안 하나님과 함께 그분의 사랑과 기쁨 안에 거함으로 자유를 경험하는 과정이다.

이 교재는 하나님의 말씀과 성령님의 부드러운 만져주심 가운데 내(저자)가 경험했던 치유와 회복의 과정에서 시작되었다. 여러분도 다른 자매들과 함께 그룹으로, 혹은 일대일로 이 공부를 나누면서 놀라운 회복과 삶의 변화를 경험하게 될 것이다.

낙심과 실패감 때문에 하나님과 당신의 교제에 거리감을 느끼는가?

이 과정을 통해서 영혼의 만족과 친밀감을 누리는 변화를 경험하게 될 것이다. 당신의 과거의 상처들, 사단의 거짓들 그리고 타락한 육체의 본성에서 해방됨으로 하나님의 영광을 드러내는 재 대신 화관의 삶으로 변화될 것이다.

성경공부 소개

공동체 세우기

"서로 돌아보아 사랑과 선행을 격려하며"(히 10:24).

시작

그룹에서 함께 나눌 수 있는 다음의 질문을 한두 가지 선택해서 나눠보라.

- 당신이 이제까지 속했던 그룹(성경공부, 스포츠 팀, 공동체나 캠퍼스 그룹, 이웃들과의 그룹, 여행 그룹 등) 중에 가장 독특하고 재미있었던 그룹, 혹은 좋았던 그룹은 무엇이 있는가? 무엇이 그렇게 만들었는가?

- 이 성경공부에는 어떻게 참석하게 되었는가? 성경공부를 통해 무엇을 배우길 원하는가?

- 당신 자신에 대해 나누어보라. 어디서 왔는지, 지금 하고 있는 일은 무엇인지, 당신의 가족과 가장 좋아하는 취미, 혹은 당신에 대한 흥미로운 사실 등.

■ 예수님을 인격적으로 알아온 "신앙 여정"에 관한 간증을 짧게 나누라.

공동체 세우기

하나님의 말씀을 배우는 것은 강력한 힘이며, 생명의 변화를 가져다 준다. 그러나 성경 말씀은 우리가 서로 공동체 안에서 함께 배우기를 자주 권고한다. "그리스도의 말씀이 너희 속에 풍성히 거하여 모든 지혜로 피차 가르치며 권면하고 ……"(골 3:16).

하나가 된 공동체는 폭발적인 교회 성장을 낳은 초대 교회의 능력(성령님이 함께하신)이었다! "재 대신 화관" 성경공부를 하는 당신도 소그룹으로 하는 것이 가장 효과적이다. 집에서 스스로 먼저 공부를 한 후, 소그룹 시간에 당신의 답을 함께 나눈다면 진보와 성장을 경험할 것이다. 만약 소그룹으로 하기가 어려운 경우에는 혼자 할 수도 있다. 그렇지만 나는 당신이 가까운 친구와 정기적으로 만나서 본 성경공부를 통해 하나님께서 깨닫게 하신 것들을 같이 나누며 기도할 수 있도록 적극 권장한다.

마음의 준비

자매님들이여! 우리는 우리 영혼의 새로움, 자유함과 치유를 가져다 줄 이번 여정의 길을 함께 시작하고자 한다. 하나님과의 깊은 교제의 기쁨을 발견할 수 있는 시간이 될 것이다. 나는 이 성경공부를 통하여 하나님과 또 다른 사람들과의 친밀함을 향상시킬 수 있기를 위해 진심으로 기도한다. 하나님과 다른 사람들을 새로운 감정으로 자유롭게 사랑하는 당신이 되길 바란다.

이 성경공부를 끝까지 마치므로 하나님께서 높임을 받으시고 그리고 그분의 빛을 더 발하는 당신이 되길 기도한다. 우리 모두는 하나님의 사랑, 기쁨, 평화 그리고 풍성함이 넘치는 승리의 삶을 갈망한다. 예수님께서 바로 이러한 삶을 우리에게 주시려고 오셨다. "…… 내가 온 것은 양으로 생명을 얻게 하고 더 풍성히 얻게 하려는 것이라"(요 10:10). 이것이 우리의 갈망이다.

그러나 현실은 그렇지 못하다. 오히려 하나님과 멀리 떨어져 있는 것 같고, 하나님과 동행하지 못한 삶에 실망한다. 어쩌면 당신은 전반적으로 괜찮다고 생각할 수도 있겠지만, 하나님께서 당신을 위해 그리고 당신 주위의 관계들을 위해 더 깊은 뭔가를 가지고 계신다고 느낀다. 수없이 밀려오는 감정적인 싸움에 몸부림쳐야 하고, 습관적으로 반복되는 죄들로 인해 속박당하여 홀로 외로움 가운데 녹초가 되고, 가족이나 친구들, 그리고 교회와의 관계가 지속적이지 못하므로 겪어야 하는 쓰라린 고통만을 느낄 뿐이다.

이런 모든 상황들을 살펴보며, 그래도 어쩌면 전반적으로 괜찮은 편이라고 느낄 수도 있다. 하지만 정작 하나님은 당신을 위해, 하나님과의 개인적 관계에서 무엇인가 더 깊은, 그리고 다른 사람과의 관계에서 더 깊은 그 뭔가를 갖고 계심을 느끼게 될 것이다.

우리 모두 이사야 61:3 말씀처럼, 하나님께서 "재 대신 화관" 성경공부를 통하여 당신을 재충전하고 새롭게 하시도록 함께 기도하자.

> "무릇 시온에서 슬퍼하는 자에게 화관을 주어 그 재를 대신하며 기쁨의 기름으로 그 슬픔을 대신하며 찬송의 옷으로 그 근심을 대신하시고 그들이 의의 나무 곧 여호와께서 심으신 그 영광을 나타낼 자라 일컬음을 받게 하려 하심이라."

소그룹의 다섯 가지 원리

"재 대신 화관" 공동체 그룹을 위한 원리가 있다. 다음의 다섯 가지 원리들을 읽어보고, 당신이 소그룹 시간에 잘 적용할 수 있도록 하나님께 기도드리라.

원리 1 – 연약함을 드러낸다

사도행전 2:42–47을 함께 읽으라.

1. 말씀에 나타난 성도들간의 교제가 어떻게 이루어졌는가?

초대 교회는 성도들의 지속적인 만남과 기도, 함께 말씀을 공부하고 필요에 따라 서로 도와주고 진심어린 열린 마음으로 함께 교제했던 아름다운 간증이었다. 신약의 초대 교회의 본보기이지만, 우리의 성경공부도 그 교제의 원리를 적용할 수 있는 경건한 자매 공동체이다.

이 공부를 하기 위해서 그룹원들과 당신의 모든 어둡고 깊은 비밀들을 나눠야 한다고 생각하지 마라. 그렇지만 당신이 과거보다 좀 더 마음을 열고, 투명하게 그리고 연약한 점을 드러내는 믿음의 발걸음을 내디딜 수 있도록 용기를 달라고 하나님께 기도드리라.

각 과마다 하나님과 사람들 앞에서 활짝 열린 마음으로 대답하라. 그리고 어떤 대답을 나누기 원하시는지 하나님께 기도하라. 당신이 연약한 점을 드러내 보임으로써 그룹원들이 당신을 섬기며 기도해줄 수 있는 기회를 갖게 된다. 또한 그렇게 함으로써 그들은 자기 혼자만이 어려움을 겪고 있는 것이 아님을 깨닫게 된다.

원리 2 – 사랑으로 진실을 말한다

우리가 그룹에서 나누는 궁극적인 목적은 하나님께 영광을(골 3:17) 그리고 서로를 세워주기(엡 4:29) 위함이다. "무릇 더러운 말은 너희 입 밖에도 내지 말고 오직 덕을 세우는 데 소용되는 대로 선한 말을 하여 듣는 자들에게 은혜를 끼치게 하라"(엡 4:29).

그룹 나눔의 시간에는 솔직해야 한다. 하지만 서로를 사랑하고 격려하는 것이 우리의 우선적인 목표이다.

2. 에베소서 4:29에 의하면, 우리가 나누어야 하는 것과 아닌 것의 기준이 무엇인가?

....

....

우리는 스스로에게 물어봐야 한다. 나의 질문으로, 나의 나눔으로, 나의 침묵으로, 나는 누구를 섬기고 있는가? 우리는 가끔 이기심이나 자기보호의 이유로, 침묵으로 일관하거나 타인에게 배타적일 때가 있다. 같은 방식으로 우리는 그룹 안에서 다른 사람의 수긍이나 용납을 얻으려는 목적으로 나눌 때가 있다.

3. 당신이 그룹에서 더욱 자기 중심적이 될 때(아마도 새로운 그룹에서 안정감이 없는 이유로), 당신은 어떤 식으로 그룹에 참여하곤 하는가? (침묵인가? 그룹 주도형인가? 농담인가? 좀 길게 나누는가? 조심스럽게 말하는가?)

....

....

원리 3 – 그룹원과 두려움이 아닌, 믿음으로 관계를 맺는다

"하나님이 우리에게 주신 것은 두려워하는 마음이 아니요 오직 능력과 사랑과 절제하는 마음이니"(딤후 1:7).

우리 모두는 과거에 타인으로부터 부당한 취급을 받은 경험들이 있다. 불친절하거나 불쾌한 언어들, 거절감, 배신, 놀림, 거짓말, 험담, 거친 말들,

아니면 거짓 고발 등으로 말이다.

이러한 일들에 또 직면한다면, 우리는 다시는 상처받지 않으려고 우리 마음에 겹겹이 벽을 쌓아 보호하려 한다. 이런 벽들이 다른 이들과 친밀한 관계를 맺지 못하게 한다. 얼마나 두껍게 벽을 쌓는가에 따라서 다른 사람과의 관계의 깊이가 정해진다. 이런 벽들이 우리를 보호할 수는 있으나, 하나님이 원하는 다른 이들과의 사랑의 관계를 세워가는데 방해한다.

본질적으로, 우리는 믿음보다는 두려움으로 다른 이들과 관계를 이어가게 된다. 이 공부를 통해서 두려움 대신 믿음으로, 다른 사람들과 좋은 관계를 맺고 배우는 시간이 되길 바란다. 하나님께서 이 성경공부를 통해 당신의 삶에 역사하시므로 당신은 점점 두려움이 아닌, 믿음으로 이루어지는 관계의 능력을 발견하게 될 것이다.

4. 이 성경공부 혹은 그룹과 연관된 두려움이 있다면 적어보라. 잠시 그 두려움들을 하나님께 내려놓는 기도를 드리라. 다른 사람에게 정직하고 열린 마음이 되도록 믿음으로 나아가게 해달라고 기도하라.

원리 4 **– 서로를 위해서 기도한다**

"재 대신 화관" 공동체는 매주마다 당신과 함께 그리고 당신을 위해서 기도할 자매들로 이루어진 팀이다. 이것은 그룹 안과 밖에서도 할 수 있다.

기억하라: 그룹의 신뢰를 지키는 것이 매우 중요하다. 그룹 안에서 나눈 이야기들을 그룹 밖 다른 사람들과 나누어서는 안 된다.

"이러므로 너희 죄를 서로 고하며 병 낫기를 위하여 서로 기도하라 의인의 간구는 역사하는 힘이 많으니라"(약 5:16).

5. 하나님은 왜 우리의 죄를 서로 고백하라고 하셨는가? 하나님께 우리의 죄와 고민을 아뢰는 것으로는 왜 충분하지 않은가?

원리 5 – 하나가 된다

다른 사람을 어떻게 잘 사랑해야 하는지에 대한 구절들이 성경에 많이 있다. 모든 구절들은 그리스도를 드러내고 서로 하나가 되도록 다른 사람을 향해 어떻게 행동해야 하는지를 보여준다.

다음의 목록들은 서로 어떻게 대해야 하는지에 대한 성경적 원리의 일부를 적어 놓은 것이다. 목록들을 보고, 하나님께서 당신이 그룹과 관계를 맺는데 초점을 맞추기 원하는 특별한 영역이 있다면 보여달라고 기도하라.

부드러움, 인내함, 겸손함, 사랑으로 참아줌, 친절함, 인정 많음, 용서함, 용납함(판단이나 비판하지 않고), 존중함, 순종함, 타인 중심, 말하기는 더디하고 듣기는 속히 함, 격려함, 정직함, 감사함, 기도함, 즐거워함(투덜대거나 불평하지 않음), 담대함, 깊은 배려심, 화평케 함, 자비로움, 신실함, 깊이 사랑함, 관대함, 연약함, 은혜로 충만함, 섬김의 마음, 신뢰할 수 있음(비밀을 잘 지킴, 다른 이를 보호함), 굴하지 않음, 쉽게 화내지 않음, 희망적임, 그리고 믿을 수 있음.

6. 위의 목록 가운데 하나님의 도우심으로 보다 성숙해지기를 원하는 영역에 밑줄을 그으라.

적용

앞의 다섯 가지 원리 중 당신에게 좀 더 어렵다고 생각되는 것이 있는가? 만약 있다면, 그룹원과 함께 성경공부를 하는 동안 이 부분이 향상될 수 있도록 도와달라는 기도를 하나님께 드리라. 이 성경공부를 소그룹이 아닌, 혼자서 한다면 정기적으로 만나서 배운 것을 나눌 때, 이 원리들을 잘 적용할 수 있다. 그런 한 자매를 만나게 해달라고 하나님께 기도하라.

과제

1. 다음 과를 준비한다.
2. 그룹원 서로를 위해 기도한다.

1과
재 대신 화관을

"… 화관을 주어 그 재를 대신하며 …"(사 61:3).

시작

당신은 당신 자신을 어떻게 보는가? 당신 자신에 대한 설명을 간단히 적어 그룹 내 다른 사람 혹은 전체와 나누어보라.

나를 지으심이 신묘막측하심이라

통계에 의하면, 전 세계 여성들의 95%가 그들 자신에 대해 어느 정도 혹은 많은 부분에 있어 거부감을 가지고 있다고 한다. 1과에서 우리는 어떤 부분에서 우리가 거부감을 느끼는지를 알아보며, 그 거부감의 배후에 어떤 거짓들이 있는지 살펴볼 것이다.

많은 여성들이 이러한 거짓들을 너무 오랫동안 믿어 오다가 진짜로 확신하게 된다. 당신의 감정보다 하나님의 말씀이 진리임을 깨닫고 하나님께서 당신을 신묘막측하게 지으셨음을 믿는 믿음을 주시도록 기도하라.

로마서 12:2에 마음을 새롭게 함으로 변화를 받으라고 했다. 우리 각자가 주님 안에서 "우리가 누구인지"에 대한 진리를 공부하고 묵상하고 암송할 때, 우리 머릿속에 마치 테이프처럼 돌고 있는 거짓말을 대신할 것이다. "진리를 알지니 진리가 너희를 자유케 하리라"(요 8:32).

세상은 파괴적이며, 거짓으로 가득한 메시지를 전하고 있다. 사단이 이 세상의 왕으로 군림하며 미디어, 우리 삶에서 권위적인 인물들과 심지어는 친구들과 가족들을 이용하여 우리에게 거짓을 말한다. 사단은 거짓의 아비(요 8:44)라고 성경은 말한다.

특히 우리가 어릴 때에 이러한 거짓말을 듣게 되면 진리를 구분하기가 어려워진다. 불행하게도 우리는 그 거짓말을 받아들이고, 계속 성인이 되어서도 그것이 우리 자신을 바라보는 관점의 바탕이 되게 한다. 이 거짓들은 "진리처럼 느껴질" 뿐만 아니라, 우리는 종종 이 거짓들이 우리 삶의 모든 영역에 얼마나 나쁜 영향을 끼치는지 미처 깨닫지 못한다. 이러한 거짓들이 우리를 구속하여 우리의 의사 결정, 인간관계, 태도, 행동, 성격, 그리고 주님과의 동행에까지 나쁜 영향을 끼친다. 이것이 사도 요한이 진리와 동행하는 것이 우리를 구속에서 자유롭게 할 것이라고 말한 이유이다.

로마서 8:37에서 베드로는 "그러나 이 모든 일에 우리를 사랑하시는 이로 말미암아 우리가 넉넉히 이기느니라"라고 말한다. 이것이 하나님의 약속이다. 이것이 약속이라면, 왜 우리 중의 많은 사람들이 승리의 삶을 살고 있지 못하는가? 우리의 인생은 불안, 우울, 공포, 수치, 분노, 괴로움, 자기 혐오, 죄로부터의 구속, 부부 갈등, 중요한 인간관계에서의 긴장, 스트레스로 인한 병, 주님으로부터의 멀어짐으로 가득 차 있다.

승리자들에게 무슨 일이 일어난 것인가! 이 1과를 공부하면서 우리는 더 많은 승리를 경험하고, 그리스도 안에서 승리자로 부름받게 될 것이다.

1. 로마서 8:35를 읽고 "우리가 승리해야 할 것들"을 적어보라. 자신이 적은 것들 중에 현재 고군분투하고 있는 부분을 나누어보라.

2. 로마서 8:35-39에 따르면, 무엇이 우리로 승리자가 되게 하는가?

TIP 이 교재에 쓰이는 많은 성경 발췌 부분은 이사야서에서 나온 것이다. 이에 대한 이유는 교재 뒤 부록 2에 있는 "왜 이사야서가 크리스천들에게 도움이 되는가?"에 대한 기사에서 찾을 수 있다.

이사야 43:1-4,7을 읽으라

3. 1절의 "야곱아", "이스라엘아"라는 부분에 자신의 이름을 넣어보라. 하나님은 주님께서 당신을 조성하시고, 창조하시고, 구속하시고, 이름을 부르셨다고, 그리고 주님의 것이라고 말씀하신다. 이런 진리를 아는 것이 당신이 7절에서 말하는 큰 역경 가운데 있을 때 어떤 도움이 되는가?

4. 하나님이 우리를 보배롭고 존귀하게 여긴다는 의미는 무엇인가? 이 구절이 자신을 바라보는 관점에 어떻게 영향을 미치는가?

5. 7절에 의하면, 하나님은 우리를 그분의 영광을 위하여 창조하셨다. 사단은 사람들의 생각을 왜곡해서 그들 자신과 다른 사람들을 거절하도록 만들기를 원한다. 이것이 어떻게 하나님께 영광 돌리는 일을 빼앗았는가?

시편 139:13-14을 읽으라

본문에는 우리가 알아두어야 할 두 단어가 있다. "신기하게"와 "놀랍게"이다. "신기하게"라는 히브리어 단어는 "두렵다, 받들다, 경외하다, 찬미하고 존경하다"의 뜻을 가지고 있다(James Strong의「스트롱 히브리어 그리스어 사전」). 우리가 신기하게 만들어졌다는 사실은 우리보다는 하나님과 더 관련되어 있다. 즉, 우리는 창조자의 감정, 아름다움, 지적 능력, 품성 그리고 자유의지의 투사체이다.

이 단어의 정의에서 보듯이, 우리는 하나님의 반영이기 때문에 우리 자신을 다른 사람보다 더 영예롭게 하고 존경해야 한다. 하나님의 창조물인 우리 자신과 다른 사람들을 보면서 우리는 주님을 찬송하고 찬양할 수 있다. 창세기 1:27에서 우리는 하나님의 형상대로 창조된 것을 배웠음을 기억하라. 하나님의 아름다움과 훌륭한 품성이 주님의 창조물인 우리를 통해 드러난다. 우리는 자유의지, 옳고 그름을 판단할 수 있는 도덕성, 그리고 하나님과 교제할 수 있는 영혼을 가지고 있다. 이것들은 하나님의 창조물로부터 우리를 구분짓는 독특한 특성이다. 이것이 다윗이 주님께서 다윗이 되도록 만든 모습을 찬양할 수 있는 이유이다.

"놀랍게"라는 말의 뜻은 "구별되다, 차이를 두다, 따로 두다"이다. 강조할 점은, 하나님이 우리 한 사람 한 사람을 독특하게 심사숙고해서 디자인하셨다는 것이다. 우리는 각각 다 다르다는 것이 특별한 점이다. 이것을 통해서도 우리 창조주 하나님의 놀라우심을 볼 수 있다.

그러나 슬프게도, 사단은 미디어를 사용하여 아름다움, 훌륭함 등의 특정한 기준을 만들어 "완벽함"으로 정해놓고 우리 자신을 그것과 비교하도록 한다. 우리에게 이 기준에 맞지 않은 부분이 있으면, 우리는 자신이 부족하고 열등하다고 결론짓게 된다. "나는 아름답지 않다", "나는 충분히 똑똑하지 않다", "나는 다른 사람들과 달리 재능이 없다." 등등 말이다.

우리는 인생의 역할에 대해서도 이런 비교를 한다.

"나는 저 엄마만큼 좋은 엄마가 아니다", "그 여자는 나보다 더 좋은 아내이다", "그 여자는 나보다 더 나은 주님의 종이다."

6. 당신 자신의 어떤 부분이 부적당하고, 불만스럽고 열등하다고 느끼는가? 이런 부분에 대해 당신보다 더 낫다고 느끼는 사람들에 대해 당신은 어떻게 반응하는가?

....

....

하나님은 우리가 "다른 사람 같이" 되기를 원하지 않으신다. 우리가 닮기를 명령받은 분은 그리스도뿐이다. 바울은 사람들에게 "내가 그리스도를 본받는 자 된 것 같이 너희는 나를 본받는 자 되라"고 말한다. 그리스도가 우리의 기준이지, 학교 친구, 직장 동료, 이웃, 친구, 형제, 다른 가족, 미디어에서 보여지는 사람들이 기준이 아니다.

많은 문화, 학교, 부모들은 자녀들이 더 잘 하도록 동기부여를 하기 위해 비교의 방법을 사용하기도 한다. 이는 "수치심을 기반으로 한" 동기부여의 방법이다. 여기에는 하나님이 창조하신 아이 스스로와 다른 사람들의 다른 모습을 용납하는 아이들의 능력을 무너뜨린다는 점에서 커다란 위험이 있다.

하나님의 원하심과 기대는 우리가 하나님이 주신 능력, 재능, 은사, 성격, 외모를 가진 주님이 만드신 모습이 되는 것이다.

7. 우리가 서로를 비교하는 것이 왜 죄인가? 사단은 비교의식을 통해서 어떻게 우리의 영혼에 피해를 주는가? 사단은 어떻게 비교의식을 통해서 우리와 다른 사람과의 관계에 상처를 주는가?

우리가 그동안 믿어왔던 스스로에 대한 거짓들은 상처받거나 거절당하지 않으려는 방어적인 행동을 하는 결과를 낳았다. 이러한 방어적인 행동들은 대부분 죄악된 행동들이고, 속박된 감정들이다. 이런 방어적인 행동들은 이사야 61:3에서 언급한 재이다.

하나님은 주님의 아름다움으로 이런 재들을 바꾸기를 원하신다. 우리의 역할은 "재"를 인지하고, 하나님 앞에서 회개하는 것이다. 회개는 우리의 죄를 고백하고, 우리의 마음을 주님께 바쳐 주님의 권세로 우리의 행동을 변화시키기를 간구하는 것이다. 우리는 고통으로부터 우리 스스로를 보호하기 위한 이런 행동들을 이용하는 것을 포기하는 자발적인 마음을 가져야 한다.

믿음이란 순종하는 삶을 살 것을 선택함에 따라 우리의 마음을 보호해 주시도록 주님 안에서 믿는 것이다. 하나님께서는 방어적인 행동들(자기 의존)에 의지하여 "어둠 속을 걷는 것"보다는 주님의 권세와 보호를 의지(주님 의지)하여 빛 속을 걷기를 원하신다. 우리가 스스로를 부정하는 거짓보다는 진리 안에서의 삶에 따라, 우리는 감정의 구속의 재(우울, 공포, 자신감 부족, 분노, 불안)로부터 자유하게 됨을 경험할 것이다.

8. 자신이 신기하고 놀랍게 창조되었다는 것을 믿지 않는 사람이 인생에서 겪을 수 있는 결과는 어떤 것들인가?

진리가 너희를 자유케 하리라

요한복음 8:32와 시편 119:45를 읽으라.

하나님의 말씀이 우리의 기준이 되어야 한다. 그 진리의 말씀이 우리의 감정, 경험 그리고 우리 자신이나 다른 사람의 의견보다 진리이다.

9. 우리 모두가 신기하고 놀랍게 창조된 진리를 진정으로 믿을 때 어떤 결과가 있을 수 있는가? 이것이 당신의 자존감에 어떤 영향을 미치는가? 또한 다른 사람들과의 관계에 어떤 영향을 미치는가? 이는 당신이 삶에서 다른 사람에게 말하고, 행동하고, 섬기는 방식에 어떤 영향을 끼치는가?

....

....

과거에 우리가 상처를 입었을 때(주로 어린시절에 처음으로 발생한다), 적들은 보통 우리에게 우리 자신에 대한 거짓을 말하기 위해 이런 고통스러운 상황을 이용한다. 아마도 이런 거짓들은 타인의 입, 미디어에 의해 말해지거나 우리 스스로 결론 내어버린 거짓일 것이다. 사실 사단은 우리의 생각 속에 이런 거짓을 말한다. 이 거짓들이 우리의 생각에 심겨져 우리의 행동에도 영향을 끼친다.

우리는 주로 어릴 때에 상처를 많이 받는다. 우리가 커서는 어려움을 이겨나갈 힘이 있는 반면, 어릴 때는 놀란다든지 두려움에 사로잡히면서 이러한 고통스러운 경험들을 건강한 방법으로 대처하는 감정적, 지적인 방법을 아직 개발하지 못한다. 그러므로 아이는 상황을 정확히 분석하는 대신 거짓을 믿는 잘못된 결론을 낼 것이고, 다시 상처받는 것으로부터 자신을 방어하기 위한 행동을 발달시킬 것이다. 예를 들면, 어떠한 방법으로든 학대를 경험한 아이는 종종 자신이 "나쁘고, 수치스러운 사람이며, 사랑받을 자격이 없다"고 정해버리고는 자신을 탓할 것이다. 만약 여자아이가 남자로부터 학대를 당했다면, 아이는 다시는 상처받지 않기 위해 모든 남자를 피하는 행동을 발달시킬 수도 있다.

아이가 성장함에 따라 이런 거짓된 믿음과 행동을 계속하게 될 것이다. 어른이 되어서 현재의 상황이 과거의 고통스러운 경험에 비춰질 때 이런 거짓된 믿음과 행동이 촉발될 것이다. 예를 들면, 남편에게 학대를 당한다고 가정해보자. 이에 대해 아내는 "과잉반응"을 보이거나 자신이 이런 대접을 받을 만하다고 믿기 때문에, 수동적으로 학대에 순응하는 등의 부적절한 반응을 보일 것이다.

우리가 과거에 이러한 고통스러운 경험을 겪지 않았다면, 어른이 되어서 어려운 일을 겪을 때, 하나님은 우리가 인내하고, 삶을 지탱하고, 고통에 대처하고, 비교적 빨리 회복할 수 있는 능력을 심어주셨을 것이다. 그러나 우리가 비슷한 방법으로 어린 시절에도 상처를 받은 경험이 있다면, 과거의 방어적인 행동과 거짓으로부터 나오는 반응을 보일 것이다.

10. 만약 당신이 자신에 대한 거부감이나 불만족을 겪고 있다면, 이는 어디서 나오는 것인가? 과거의 어떤 경험이 이것에 영향을 끼쳤다고 보는가?

11. 당신은 어떤 거짓을 믿었으며, 이 거짓은 어디서 온 것인가? 뒤에 있는 부록 "나 자신에 대한 거짓말들"을 보라. 그동안 믿었던 자신에 대한 거짓을 적어보라. 당신은 이것들이 진리라고 믿을지도 모르지만, 성경은 분명히 그것들이 모두 거짓이라고 가르치고 있다. 이 중 가장 오래 믿었던 거짓 옆에 "별"을 붙여 보라. 이것은 아마도 나중에 다른 거짓들을 믿게 한 근본적인 거짓일 것이다.

12. 성경에서 당신 자신에 대한 거짓들을 상쇄할 어떤 진리를 찾을 수 있는

가? 역시 부록 1의 "나 자신에 대한 진리들"을 참고할 수 있다. 이 진리들을 아래에 적어도 한 가지 성경 구절과 함께 적어보라.

거짓	진리	성경 구절

적용

1. 기도는 사단의 거짓에 대항하는 우리의 영적인 무기이다. 당신 자신에 대해 발견한 거짓과 진리를 다음의 기도에 넣어보고, 그리스도 안에서 "나 자신에 대한 진리들"을 믿음으로 선포하고 거짓을 끊는 기도를 해보라. 한 사람씩 나눈 후에 그 사람을 위해 함께 기도하라. 하나님께 각 사람을 속박에서 자유롭게 하고, 진리 가운데 살 수 있도록 기도하라.

고백하고 포기하는 기도(부록: 기도문 4)

예수님의 이름으로 나는 내가 믿었던 내 자신에 대한 이름인 ____________(예: 쓸모없는, 가치 없는)을 거절합니다. 예수님의 이름으로 명하노니 ____________(예: 엄마 뱃속에서부터 생긴 두려움, 초등학교 때 생긴 열등감)을 믿게 한 악한 영은 떠나갈지어다!(평강과 확신이 올 때까지 계속 외친다.) 나는 내가 이 이름을 받아들였을 때 사단이 얻었을지도 모르는 어떠한 근거도 철회합니다.

그리고 나는 ____________(예: 보배로운 보석, 왕 같은 제사장, 거룩한 백성, 가치 있는 자, 아름다운 관, 주님의 기쁨, 예수님의 신부, 영광스러운 자, 주님의 귀한 자녀, 소중한 자, 선택된 자)라는 주님이 내게 주신 의로운 이름을 믿습니다. 예수님의 이름으로 자유를 선포합니다. 예수님의 이름으로 기도합니다. 아멘.

예를 들어, 이렇게 기도할 수 있다.

"예수님의 이름으로 나는 내가 믿었던 내 자신에 대한 이름인 나는 중요하지 않아를 거절합니다. 예수님의 이름으로 명하노니 엄마 뱃속에서부터 '나는 중요하지 않아'를 믿게 한 악한 영은 떠나갈지어다! (평강과 확신이 올 때까지 계속 외친다.) 나는 내가 이 이름을 받아들였을 때 사단이 얻었을지도 모르는 어떠한 근거도 철회합니다. 그리고 나는 소중한 자라는 주님이 내게 주신 의로운 이름을 믿습니다. 예수님의 이름으로 자유를 선포합니다. 예수님의 이름으로 기도합니다. 아멘."

2. 당신 자신에 대한 이러한 거짓들을 믿어서 생겨난 죄악된 행위들은 어떤 것들이 있는가? 아래에 나타난 감정의 속박 중에 현재 또는 과거에 경험했던 것이 있으면 밑줄을 치라.

....

....

우리 자신에 대해 믿어왔던 거짓으로 인해서 생겨난 죄악된 행동 혹은 속박된 감정들은 다음과 같다. 비교의식, 비판의식, 중상, 험담, 시기, 성적문란, 중독행위, 간음 그리고 "일상생활"에서의 집착적인 행위들(쇼핑중독, 외모중독, 운동중독, 과한 취미생활, 과식), 동성애, 자위, 불신으로 인한 두려움, 분냄, 격노, 증오, 자신을 미워함, 거식증, 무관심, 불평, 용서하지 못함, 자기학대와 자살충동 등.

원하면 다음의 기도를 사용할 수 있다.

회개 기도(부록: 기도문 2)

나의 죄악된 행위(예: 불신, 용서치 못한 것, 질투, 비교의식, 다른 사람에게 방어벽 쌓는 것, 우상숭배 등)를 고백합니다. 이 죄악된 행위를 회개하고 나의 보호자, 공급자, 그리고 나의 필요와 갈급함을 만족케 하시는 주님께 돌아갑니다. 예수님의 이름으로 이 죄악된 행위를 통해서 사단이 얻었을지도 모르는 어떠한 근거도 철회합니다. 이 죄악된 행위에 다시 빠지지 않고 승리할 수 있게 하시는 성령의 능력과 충만함을 기도합니다. 예수님의 이름으로 기도합니다. 아멘.

3. 1과를 공부하면서 하나님께서 당신의 마음에 주신 새 이름은 무엇인가?

과제

1. 당신 자신에 대해 믿어왔던 거짓들을 대적할 수 있는 성경 구절을 적어서 항상 볼 수 있는 곳에 붙여 놓으라. 이번 주간 동안에 그 구절들을 묵상(가능하면 암송)하라.
2. 다음 과를 준비한다.
3. 당신의 그룹원들이 이번 주간 동안 그들 자신에 대해 믿어왔던 거짓들과 죄악된 행위들에서 자유로워지기를 위해 기도한다.

2과 그의 보시기에 소중한 존재!

"내가 너를 보배롭고 존귀하게 여기고 너를 사랑하였은즉 ……"(사 43:4).

시작

당신이 어린아이였을 때 매우 소중했던 것은 무엇이었는가? 왜 소중했는가? 그 소중한 것을 다른 것들과는 어떻게 구별하여 다루었는가?

우리에게 소중하고 중요한 것들은 우선순위가 되어 관심을 가지고 아끼며 보호한다. 나는 여덟 살이었을 때, 구개파열(주: 임신중 입술 형성과정에서 발생하는 선천성 신생아 기형 질환으로, 일명 입천장 갈림증이라고도 불린다) 때문에 큰 수술을 받았다.

어머니는 내가 수술에 대해 긍정적인 마음을 가질 수 있도록 병원에서 오는 길에 강아지를 한 마리 사 주시기로 약속하셨다. 나는 매일 달력에 강아지를 데려오는 날이 얼마나 남았는지를 표시했다.

드디어 그날이 왔고, 나는 새로운 "소유물"(가족)을 얻게 되었다. 강아지는 내 유년시절에 가장 소중한 보물이었으므로 정말 열심히 돌보았다. 나는 강아지를 무척 사랑했고, 늘 잘 보살펴 주었다. 수술 후, 사랑하는 강아지를 돌보고 같이 놀면서 지내느라 건강도 잘 회복이 되었다.

보물과도 같은 "소유물"이 되는 것은 높은 영광이고 특권이다. 우리는 하나님의 특별한 보물이다. 우리는 주님에게 매우 소중하고 중요하므로, 하나님은 우리를 귀하게 여기시고, 관심을 가지시고, 보호하시고, 영광되게 하시고, 존중하시고, 친절함과 부드러움으로 우리를 대하신다. 하나님께서는 우리에게 사랑을 쏟아 부으시고 우리와 교제하기를 원하신다.

그러나 많은 여성들이 자신이 소중한 존재임을 느끼지 못해 힘들어하고 있다. 원수는 종종 우리 머릿속에 "나는 쓸모없어", "나는 중요하지 않아", "하나님은 나의 삶을 결코 사용하시지 않을 거야", "나는 가치가 없어", "나는 다른 사람보다 열등해", "나는 충분히 훌륭하지 못해" 등등의 말로 채워 넣고 있다.

여성이 가정이나 학교에서 이런 유형의 메시지들을 듣는 환경 속에서 자랐다면, 성인이 되어서도 이러한 느낌 때문에 힘들어 할 것이다. 그런 여성은 자신을 끊임없이 남들과 비교하고 부족하다고 여길 것이다. 남편이 종종 아내를 낮게 보거나, 일이 잘못되거나, 남편이 자신의 화를 참지 못할 때 아내를 비난하는, 정서적으로 학대관계에 있는 결혼을 하게 되어도 역시 여성은 마음의 상처를 받고 이러한 거짓들을 믿게 된다.

주님께서는 우리 여성 개개인에게 말씀해 주실 전혀 다른 메시지를 가지고 계신다! 우리는 소중한 존재이다. 우리는 충분히 훌륭하다. 우리는 그분께서 보시기에 귀중한 존재이다. 우리는 귀한 목적을 위해 하나님의 택함을 받았다. 그분은 우리를 존귀하게 여긴다!

2과에서는 우리 자신이 하나님께 흔치 않고 귀중한 보석과 같은 존재라는 것을 배우게 될 것이다. 하나님께서는 우리를 소중히 여기시고 높여주신다. 그분은 우리 자신에 대해 우리가 믿고 있는 부정적인 거짓들을 우리의 가치와 소중함에 대한 기이한 구속의 진리로 바꾸어 주기 원하신다.

영광스러운 이름들

베드로전서 2:4–6과 에베소서 2:19–22을 읽어보라.

베드로전서에서 우리가 그리스도 예수이신 모퉁이 돌 위에 지어진 "산 돌"이라는 것을 알 수 있다. 이 본문의 형상화는 매우 강력하다. 모퉁이 돌 위에서 쉬는 모든 돌은 "무게를 견디는 돌"이 없어진다면 부스러질 것이다. 그리스도는 우리를 "떠받치는" 분이시다.

산 돌로서의 우리는 하나님 위에서 쉬고, 하나님을 신뢰하고, 우리 짐의 무게를 짊어지시도록 해야 한다. 이 말씀을 읽으면서, 장대하고 거룩한 하나님의 성전을 세우는 귀한 돌인 우리가 얼마나 중요한 지의 아름다운 그림을 보게 된다.

1. 위 본문은 우리가 자신을 어떤 면에서 그리스도와 동일시하도록 요구하고 있는가? 우리도 역시 "산 돌"이라는 것은 무엇을 의미하는가? 하나님의 성전을 짓는 귀중한 돌이 어떤 모습으로 보일 거라고 상상하는가?

소중한 돌로서의 우리는 주님께 귀하고, 독특하며, 값지고, 아름다운 장식이다. 우리 각자는 하나님의 장대한 아름다움을 전시하기 위해 주님에 의해 조심스럽게 손으로 깎아졌다. 각자 하나님께서 우리에게 주신 영적인 은사, 재능, 성격을 사용하면서 다같이 함께 일함에 따라, 우리는 세상에 대한 하나님의 멋진 속성을 드러낼 것이다.

2. "너희는 너희가 하나님의 성전인 것과 하나님의 성령이 너희 안에 계시는 것을 알지 못하느냐"(고전 3:16). 이 진리를 아는 것이 당신의 행동에 어떤 영향을 끼치는가?

"그러나 너희는 택하신 족속이요 왕 같은 제사장들이요 거룩한 나라요 그의 소유가 된 백성이니 이는 너희를 어두운 데서 불러 내어 그의 기이한 빛에 들어가게 하신 이의 아름다운 덕을 선포하게 하려 하심이라"(벧전 2:9).

3. 당신이 하나님의 거룩한 제사장이라는 것이 어떤 의미인지 적어보라. 하나님의 제사장으로서의 당신의 책임은 무엇인가? 베드로전서 2:9 말씀이 당신이 중요하고 영광스럽다는 것을 어떻게 보여주고 있는가?

하나님을 다른 사람들에게 바르게 나타내기 위해서 우리는 우리 안에 거하시는 성령님께 의지할 필요가 있다. 우리의 힘으로 "제사장의 역할"을 하려는 노력을 하지 않는다는 것이 중요하다. 우리는 반드시 하나님의 제사장으로서의 중요한 소명을 다할 수 있도록 하나님의 영이 우리를 채우고 강하게 하시기를 매일 기도해야 한다.

베드로전서 2:5은 우리가 거룩한 제사장이 되기 위해 "(집) 짓는데 쓰여진다"고 말하고 있다. 이는 우리가 거룩한 예배자 및 제사장으로 변하는 과정에 있다는 뜻이다. 구약에서 우리는 "제사장은 성소에서 섬기고, 향의 제단에서 대신 기도를 해주고, 사람들을 가르치고, 축복하고, 하나님의 뜻을 밝히고, 사람들을 대신해 제사를 지냈습니다"라고 배운다(Beth Moore의 「여인의 마음, 주님의 거처」, 141p).

베드로가 믿는 자들에게 이 편지를 썼을 때 베드로는 믿는 자들이 하나님을 나타내는 거룩한 제사장이며, 따라서 이는 엄청난 영광이고, 높으신 부르심이며, 존경받고 귀한 자리임을 설명했고, 그들은 이해하였다.

우리는 소중한 존재이다!

베드로전서 2:9-10을 읽으라.

4. 우리를 신자로 묘사하기 위해 베드로가 사용하는 단어(말씀)들은 어떤 것이 있는가?

5. 이것들은 소중한 사람을 묘사하는 단어(말씀)들이다! 각 단어를 보고, 그 단어가 어떻게 하나님 눈에 비친 우리의 가치와 소중함을 전달해 주는지 나눠보라.

6. 이 중 어떤 말씀이 당신에게 가장 큰 격려가 되고, 그 이유는 무엇인가?

"네가 내 눈에 보배롭고 존귀하며 내가 너를 사랑하였은즉 …"(사 43:4).

7. 당신은 자신을 어떻게 보는가? 다음 중 어떤 부분을 당신은 받아들이는가, 아니면 거부하는가? "그의 보시기에 귀중하다", "그의 보시기에 높여진다", "하나님께 사랑받는다."

세계의 여러 문화에서는 여자는 남자에 비해 열등한 존재로 비춰진다. 아마도 당신은 남자아이가 아닌, 여자아이로 태어났다는 사실에 대해 실망하신 부모님의 씁쓸함을 느꼈을 것이다. 때때로 여성은 남성에 의해 영광과 존경으로 대해지지 않는다. 그러나 진리는 하나님은 우리를 아름다운 딸들로 모태에 조성하셨다는 것이다.

갈라디아서 3:28에서 바울은 "너희는 유대인이나 헬라인이나 종이나 자유인이나 남자나 여자나 다 그리스도 예수 안에서 하나이니라"라고 말한다. 요한복음 4:4-42에서 우리는 사마리아의 부정한 여인에게 사랑, 관용, 구원을 베푸신 예수님의 아름다운 증거를 읽게 된다.

그 당시의 문화에서 유대인 남자는 사마리아인, 특히 사마리아 여자를 업신여기고 말도 걸지 말아야 했다. 그러나 예수님은 사마리아 여인에게 말을 거셨을 뿐만 아니라, 복음을 전하셨고, 여인에게 다른 사람들에게도 복음을 전하라고 하셨다. 하나님의 왕국에서는 이처럼 모든 믿는 자들이 귀하고, 영광되고, 사랑받는다.

거부되는 것에 대한 두려움으로부터의 해방

베드로전서 2:4은 산 돌로서 우리가 사람들에게 거부당할 것이라는 점을 인정하고 있다. 하지만 베드로는 이 고통스러운 현실에 우리가 하나님께 택함받았고, 그에게 귀중한 존재이며, 거룩한 제사장으로 지어져 가고 있다는 진리로 대응한다. 다른 사람들에게 거부당한다고 느낄 때, 당신은 어떻게 반응하는가?

하나님께서 온전히 우리를 받아주시고 거절하거나 버려두지 않으신다는 진리를 아는 것은 우리에게 힘을 주고, 주위 사람들을 대면할 수 있는 자신감을 준다.

8. 지금도 당신에게 영향을 미치는 과거나 현재의 거부 경험이 있는가? 그것이 어떤 식으로 영향을 끼치고 있는가? 다른 사람과 관계 맺는 데에 어

떤 영향이 있는가?

9. 당신은 하나님께 거부당함, 잊혀짐, 형벌을 받고 있음, 아니면 외면당하고 있다고 한 번이라도 느낀 적이 있는가? 있었다면 왜 있었는지, 없었다면 왜 없다고 생각하는가?

10. 이사야 41:9–10을 함께 읽으라. 본문 말씀에 의하면, 우리는 하나님께 거부당하거나 잊혀질까봐 두려워할 필요가 있는가? 어느 구절들에서 하나님의 용납과 사랑이 강조되어 있는가?

우리가 어려움, 외로운 시간, 하나님으로부터 멀리 있는 시간들을 겪을 때, 사단은 종종 우리에게 하나님을 비난하도록 시험할 것이다. 하나님의 말씀은 분명하게 언제나 "환난 중에 만날 큰 도움이시라"(시 46:1)라고 말씀하신다. 우리는 "내가 결코 너희를 버리지 아니하고 너희를 떠나지 아니하리라"(히 13:5)라는 진리에 굳게 서야 한다. 그분의 사랑은 영원하시다. 그분은 우리의 반석, 구원자, 피난처 그리고 산성이시다.

이런 시기를 지날 때에 도움이 되는 시편 말씀은 시편 18, 23, 27, 30, 34, 46, 61–63, 84, 91, 139편 등이 있다. 이번 주에는 개인 시간에 이 시편들을 읽어보는 것이 좋을 것이다.

11. 우리가 하나님께 전적으로 용납되며, 절대로 거부당하지 않는다는 사실

을 아는 것이 우리의 매일의 삶에 어떻게 도움이 되는가?

누구도 거부로부터 자유로울 수 없다. 우리 모두는 어느 때엔가는 다른 사람들로부터 거부당하는 일을 겪을 수 있다. 하지만 우리는 거부당하는 것에 대한 두려움으로부터 자유로울 수 있다. 우리가 그리스도 안에 있고, 그분께서 우리를 얼마나 흠모하시고 귀히 여기시는가를 확신하면, 우리는 거부당할까봐 두려워 다른 사람을 향해 세워놓은 방어벽으로부터 자유로워질 수 있다. 그리스도의 능력이 우리로 하여금 좀 더 그리스도께서 하시는 것 같은 방식으로 다른 사람들을 사랑할 수 있게 해 주실 것이다. 우리는 두려움보다는 신뢰에서 우러나오는 다른 사람들과의 관계를 맺게 될 것이다.

우리가 다른 사람으로부터의 거절을 두려워하며 살 때, 우리는 그리스도의 사랑으로 다른 사람들을 사랑할 수 없는 행동으로 대처하게 된다.

12. 당신의 마음을 하나님이 보호하신다는 믿음보다는 거절감에 대한 두려움 때문에 맺는 관계에는 어떤 모습이 보이는가? 자기 보호의 행동들은 분노, 거절감, 교묘한 자기 합리화, 우월감, 지배욕, 회피, 침묵 일관, 수동적 태도, 극적 사건 묘사나 반응, 공격성, 질투, 험담, 부정적 사고, 지나친 농담, 노골적인 태도, 과도한 수다, 상대방에 대한 지나친 요구, 소유욕으로 나타날 수 있다.

당신에게 해당하는 단어에 밑줄을 그어보라.

적용

1. 자신이 믿음이 아닌, 두려움을 갖게 하는 인간관계가 있는지 하나님께 기

도하고 질문해보라. 하나님께 그것들을 고백하고, 그 사람을 그리스도의 사랑으로 사랑할 수 있는 능력과 용기를 달라고 주님께 간구하라. 두려움이 아닌, 믿음으로 그 사람들을 대하면 어떨 것 같은가?

....

....

2. 과거에 우리가 거절을 당해 깊이 상처를 받았다면, 이는 사단이 두려움의 나쁜 영으로 우리를 억압하도록 길을 열어 줄 수 있다. 만약 당신이 거절의 두려움 속에서 살아온 것을 느낀다면, 당신의 마음과 영에 영향을 미치는 사단의 힘인 두려움을 끊어버리도록 기도할 수 있다. 다음의 기도를 응용해보라.

고백하고 포기하는 기도(부록: 기도문 4)

예수님의 이름으로 나는 내가 믿었던 내 자신에 대한 이름인 슬픔, 두려움, 공포의 감정을 거절합니다. 예수님의 이름으로 명하노니 아버지가 우리 가족을 떠났을 때 느꼈던 슬픔, 두려움, 공포의 감정을 믿게 한 악한 영은 떠나갈지어다!(평강과 확신이 올 때까지 계속 외친다.) 나는 내가 이 이름을 받아들였을 때 사단이 얻었을지도 모르는 어떠한 근거도 철회합니다.

그리고 나는 소중한 자라는 주님이 내게 주신 의로운 이름을 믿습니다. 예수님의 이름으로 자유를 선포합니다. 예수님의 이름으로 기도합니다. 아멘.

3. 2과를 공부한 결과, 당신 자신에 대해 믿는 거짓들을 발견했다면(예를 들어, "나는 쓸모없는 사람이야", "나는 귀하지 않아", "나는 중요하지 않아", "나는 다른 사람들에 비해 잘난 것이 없어", "나는 다른 사람들처럼 훌륭하지 않아" 등등),

위의 기도로 기도하고, 거짓들을 받아들이지 않으며, 그리스도 안에서 자신이 누구인지에 대한 진리로 그것들을 대체하라.

과제

1. "영광스러운 작은 어린 양" 이야기(부록 4 참고)를 시간을 내어 이번 주에 읽으라. 당신이 존귀히 여김을 받고, 그의 보시기에 귀중하고, 가치가 있고, 사랑받음을 이번 주 내내 찬양하라.
2. 다음 과를 준비한다.
3. 그룹의 다른 자매들이 자신들을 소중하고, 존귀하고, 사랑받는 자로 여기는 승리를 누리도록 자매들을 위해서 기도하라. 또한 다른 사람들에게 두려움이 아닌, 믿음으로 반응할 수 있도록 기도하라.

3과

찬송의 의복

"…… 찬송의 옷으로 그 근심을 대신하시고 ……"(사 61:3).

"… 이는 그가 구원의 옷을 내게 입히시며 공의의 겉옷을 내게 더하심이 …"
(사 61:10).

시작

과거에 긍정적 의미에서 자신을 특별하거나 다르다고 느끼도록 만들어준 당신이 입었던 옷(예를 들어, 학교 댄스파티나 정식 무도회의 드레스, 웨딩드레스, 연극이나 파티 의상)에 대해 묘사해보라.

그 옷의 어떤 점이 특별했는가? 그래서 어떻게 느끼게 되었는가? 그 옷 때문에 어떤 식으로든 다르게 행동했었는가?

내가 웨딩드레스를 입었던 날이 그 동안 내 자신이 가장 예쁘다고 느껴본 날이었던 것 같다. 비록 세상에서 가장 편한 옷은 아니었지만, 나에게 아름다움, 여성스러움, 우아함의 기분을 느끼게 해준 옷을 하루밖에 입을 수 없었기 때문에 슬펐다.

심지어 새 옷을 입을 때조차도 우리는 매력적이고 새로운 것을 가지게 되어 신이나고 더욱 기쁨을 느낀다. 그 옷이 특히 우아하고, 고가이고, 쿨하고, 특별하다면 그 새 옷을 입고 걸어다닐 때 우리는 자세를 다르게 하고 다니는 것 같다. 왠지 그 옷이 우리에게 개성을 부여하고, 잠시 짧은 시간 동안이라도 우리 자신에 대해 더욱 기분 좋게 생각하게 만들고, 더 큰 자신감과 즐거움으로 걷도록 하는 것 같다.

하나님께서는 우리에게 새로운 정체성을 가짐을 "느끼게" 만들어 줄 뿐만 아니라, 글자 그대로 우리가 누구인지를 바꾸는 옷을 주신다. 하나님의 옷을 통해 우리는 새롭고, 깨끗하고, 순수하고, 거룩해진다. 다른 모든 옷들과 달리, 이 옷은 절대 낡지 않고 영원토록 우리에게 남아있다. 하나님께서 어떤 귀중한 옷을 우리에게 맡기셨는지 계속하여 공부하고 배워보자.

의의 의복

"…… 찬송의 옷으로 그 근심을 대신하시고 ……"(사 61:3).

"내가 여호와로 말미암아 크게 기뻐하며 내 영혼이 나의 하나님으로 말미암아 즐거워하리니 이는 그가 구원의 옷을 내게 입히시며 공의의 겉옷을 내게 더하심이 신랑이 사모를 쓰며 신부가 자기 보석으로 단장함 같게 하셨음이라"(사 61:10).

이사야 61:10은 3절에서 말한 찬송의 옷이 구원의 의복이고, 의의 의복임을 설명해 준다. 의복이란 우리가 입으려고 선택하는 것이다. 하나님께서는 그리스도가 십자가에서 피를 흘리셨기 때문에 당신에게 그의 의의 옷을 주신다. 하나님은 당신이 이를 받아들여 영생을 얻기만을 원하시는 것이 아니라, 그가 당신을 용서해서 그의 눈에 당신이 의롭게(거룩하고 순전하게) 되었음을 당신이 날마다 받아들이기를 원하신다.

이사야 61:10 시작 부분에서 "내가 여호와로 말미암아 크게 기뻐하며 내 영혼이 나의 하나님으로 말미암아 즐거워하리니 ……"라고 되어 있다.

우리가 의의 의복을 받아들일 때 즐거움이 우리 마음에 찾아온다.

3절에서는, 이 옷은 찬송의 옷이라고 말한다. 찬송은 우리의 용서, 의, 구원이라는 진리 가운데 걸음으로써 오는 결과인 것이다.

1. 골로새서 2:13-14을 읽으라. 이 말씀에 의하면, 우리의 과거나 혹은 현재의 삶에 그리스도께서 용서하지 않은 죄가 있는가?

바울은 그리스도께서 우리를 거스르고 불리하게 하는 빚의 문서들을 십자가에 못박아 깨끗이 제하여 버렸다고 설명한다(골 2:14).

바울이 편지를 기록했던 그 시대에는 죄수가 지은 죄의 형을 살 때, 죄는 이에 대한 처벌과 함께 문서에 쓰여지고, 이는 감옥 문에 못으로 박아졌다. 형을 다 마치면 문서에 "형을 다 마쳤음"이라고 표시되고, 정부 관리는 그것에 직인을 찍었다. 이 사람은 가는 곳마다 이것을 가지고 다니면서 어느 누구라도 과거의 죄로 자신을 다시 고발하면 이 문서를 보여주어 형을 다 마쳤고, 사면받았음을 보여주었다.

그러므로 이 말씀에서 우리는 우리 죄의 형벌이 적힌 것이 십자가에 못 박히고, 그리스도께서 우리의 모든 죄에 대한 대가를 치렀음을 알 수 있다. 십자가에서의 그리스도의 죽음에 대한 우리의 믿음을 통해 우리는 우리의 빚이 청산되었고, 자유를 얻었으며, 온전히 용서받았음을 알 수 있다!

이사야 61:1에서, 그리스도에 대한 예언이 나와 있다. "여호와께서 내게 기름 부으셔서 가난한 사람들에게 기쁜 소식을 전하고, 상한 마음을 싸매어 주고, 포로에게 자유를 선포하고, 갇힌 사람에게 해방을 선포하게 하셨다." 우리는 어둠의 포로이고, 우리의 죄 쇠사슬에 묶여 있다. 그러나 그리스도는 우리를 자유롭게 하시고, 어둠에서 우리를 건져내어 하나님의 놀라운 빛으로 인도하셨다.

로마서 8:1은 "그러므로 이제 그리스도 예수 안에 있는 자에게는 결코 정죄함이 없나니"라고 말한다.

용서는 우리를 변화시킨다

시편 51:1–17을 함께 읽으라.

다윗은 그가 밧세바와 간음하고 그녀의 남편을 살인한 죄를 짓고 난 후, 나단 선지자가 그에게 책망한 직후에 이 시편을 썼다.

2. 나단 선지자가 그에게 책망한 후, 자신의 죄에 대한 다윗의 태도는 어떠했는가?

3. 다윗은 하나님을 어떻게 생각했고, 하나님과의 관계를 어떻게 생각했는가?

4. 다윗이 하나님께 간구한 모든 것을 적어보라.

5. 당신의 죄에 관해 들키거나 다른 사람과 직면해야 할 때, 당신은 어떻게 반응하는가? 우리가 가질 수 있는 여러 반응이 있다. 안타깝게도 육신 안에서 우리는 부인하고, 정당화 하기를 원하며, "모든 것이 바람에 사라질 것"을 희망하고, 다른 사람들을 탓하고, 우리와 맞서는 사람과 다툰다. 만약 우리가 질책을 비천한 마음으로 받아들이게 되면, 우리는 정죄함, 스스

로를 벌함, 절망, 자기 증오, 포기하고 그만두고 싶은 사단의 덫에 쉽게 걸릴 수 있다. 보통, 당신의 반응은 어떤 것인가?

다윗은 경건한 반응의 훌륭한 예를 보여준다.

첫째, 다윗은 질책을 받은 후, 하나님 앞에서 겸손히 죄를 인정한다. 하나님께서 "그의 모든 죄를 씻어줄 수 있다"고 믿고, 용서를 구하며 부르짖는다. 스스로 정죄함에 빠지는 대신, 다윗은 죄에 빠져 하나님께 등을 돌린 사람들을 도울 수 있도록 하나님께 자신의 마음을 기쁨으로 새롭게 해달라고 간구한다. 다윗은 스스로를 벌주지 않고, 오히려 하나님께서 자기를 용서하고 자기 정죄가 아닌, 겸손하고 내어드린 마음을 원하신다는 것을 받아들인다.

시편 51편 끝에서 다윗은 하나님께서 "희생"을 원하시기 보다는 겸손하고 깨어진 영혼을 원하신다는 것을 알고 있다. 요즘 시대에서 이는 하나님께서 우리 마음 안의 동기와 하나님을 기쁘시게 하고 따르는, 겸손하고 깊이 뉘우치는 마음에 관심이 있으시다는 의미이다. 하나님께서는 우리의 개인적인 삶이 죄로 가득 차 있는 상태에서 시간, 물질, 크리스천의 활동과 사역을 바치는 것에 관심을 두지 않으신다. 죄의 고백과 회개가 하나님이 바라시는 것이고, 우리가 죄에 대해 승리할 수 있도록 돕는데 헌신적이시다. 만약 당신이 이미 고백은 했지만, 자유를 찾지 못한 죄에 구속되어 있다면 당신과 상담하고, 기도해주며, 당신을 사랑으로 케어할 수 있는 성숙한 믿음을 가진 사람과 대화하기를 권한다.

6. 시편 51편 중간 부분에서 왜 다윗이 이렇게 기도한다고 생각하는가? "주는 중심에 진실을 원하십니다. 내 마음 깊은 곳에 지혜를 가르치소서."

7. 당신이 죄를 지을 때, 하나님의 반응과 당신을 향한 감정의 방식에 대해 어떤 거짓을 때때로 믿고 있는가? 우리가 죄를 지을 때 주님께서 어떻게 반응하시는 지에 대해 말씀을 통해 우리가 배우는 진리는 무엇인가?

고린도전서 13장에서, 우리는 하나님의 사랑은 인내심 있고, 친절하며, 쉽게 화내지 않고, 잘못을 기억하지 않는다는 것임을 알게 된다. 그동안 만났던 사람 중에 가장 인내심 많은 사람을 생각해보고, 그 인내심에 반복해서 백만을 곱한 것이 하나님의 성품이라는 것을 상상해 보도록 하라.

하나님께서 단 한 번이라도 이기적인 이유로 우리를 훈육하시는 것은 불가능하다. 하나님의 본질은 이타적인 사랑이다. 가혹한 화는 이기적인 목적에서 나온다. 자녀들을 향한 하나님의 화는 항상 공정하고, 올바르며, 참을성이 많다. 또한 하나님께서는 묵묵부답, 수치스러운 말, 용서하지 않음, 두려움 조성, 모욕 같은 교묘히 조종하는 방법을 사용하지 않으신다. 자녀들을 향한 하나님의 훈련과 하나님을 따르지 않는 자들을 향한 분노와 벌을 혼동하지 마라.

히브리서 12:5-11은 자녀를 향한 하나님의 훈련은 거룩함, 평화, 의를 가져오기 위하고, 우리를 위한 것임을 알려준다. 이는 가혹하지 않으며, 사랑, 진리, 친절, 그리고 우리를 위한 지혜로 가득 차 있다.

수치심으로부터의 자유

어떤 사람들은 수치스러움으로 순종의 동기를 부여하는 문화나 가정에서 자랐다. "너는 가문의 수치다", "부끄러운 줄 알아라", "너는 네 주변 사람들보다도 못해!"와 같은 말을 들었을 수도 있다.

성인이 되어서도, 하나님께 순종하지 못할 때마다 수치스러움의 무거운 부담을 느끼고 자신을 용서하지 못하며 살아갈 수도 있다. 그러나 천국의 아버지는 절대로 수치를 주는 말을 사용하여 우리가 순종하도록 "동기 부여"를 하지 않으신다. 정죄는 사단으로부터 오는 것이다. 그 대신 하나님께서는 은혜, 자비, 인내, 연민, 사랑의 언어를 사용하신다.

출애굽기 34:6-7 앞부분은 하나님께서 스스로를 설명하시는 가장 첫 번째의 말씀이다. 주님은 모세에게 "나 여호와는 자비롭고 은혜로우며, 노하기를 더디 하고, 한결같은 사랑과 진리가 풍성한 하나님이다. 수천 대에 이르기까지 한결같은 사랑을 베풀며, 악과 허물과 죄를 용서하는 하나님이다"라고 스스로에 대해 말씀하신다.

베드로전서 2:6을 함께 읽으라.

우리 대부분은 우리 자신에 대한 우리의 견해를 왜곡시킬 수 있는 "우리 과거의 비밀들"을 가지고 있다. 우리에게 다른 사람이 지은 죄든, 아니면 우리가 우리 자신이나, 하나님이나 다른 사람들에게 지은 죄들을 막론하고, 그 죄들은 우리에게 수치감을 남겨주었다.

우리는 종종 다른 사람들이 우리를 용납하지 못하게 될까봐 두려워 이런 "수치스러운 일들"에 대해 다른 사람들이 알지 못하게끔 한다. 그런 일들은 우리의 비밀 옷장에 남아있고, 이는 사단으로 하여금 우리 삶에 근거지를 갖게 한다.

사단은 우리에게 실패감, 거부감, 수치심과 낮은 자존감을 준다. 또한 두려움도 생기게 한다. 이런 과거의 일들을 남들이 알게 되면, 더 이상 우리를 사랑하거나 용납하지 않을지도 모른다고 생각할 수도 있다. 우리 중 일부는 하나님의 부르심에 비해 우리가 너무 가치가 없다고 느끼기 때문에 쓰임받을 기회를 받아들이지 않을 것이다. 때로, 이런 수치감들로 인해 우리와 하나님 사이에 거리감이 생긴다. 우리는 그의 존전에 있을 가치가 없다고 느낄지도 모른다. 아버지께서는 우리를 용납하지 않으시며, 우리에게 화가 나 있으시다는 느낌을 가질지도 모른다.

8. 베드로전서 2:6에서 "그를 믿는 자는 부끄러움을 당하지 아니하리라"고 할 때 이 뜻은 무엇인가?

9. "내가 주를 찾았더니 그분이 내게 대답하셨나이다. 그가 나를 내 모든 두려움에서 건지셨도다. 그를 찾는 자는 빛나는도다. 그들의 얼굴은 수치를 당치 아니하리라"(시 34:4-5). 수치심과 두려움은 어떻게 관련이 있는가?

10. 당신은 삶의 어떤 영역에서 (과거 및 현재에) 아직도 수치심을 느끼고 있는가? 이번 주 동안 그런 영역에 대해 일기를 적어보라.

11. 수치심은 우리가 하나님과 함께 걷는 삶과 다른 사람과의 관계를 어떻게 방해하는가? 당신이 수치심으로부터 자유로워졌다고 느낀다면, 무엇이 그런 자유에 이르게 했는지 노트에 적어보라.

많은 자매들이 그들의 죄가 용서받은 것을 믿으면서도 죄책감과 수치감을 가지고 산다. 이러한 죄책감과 수치감이 들 때마다 "나는 이미 용서받았어!"라고 진리를 선포하기 바란다.

종종 하나님께서는 우리를 두려움과 굴욕감으로부터 자유케 하기 위해 다른 사람들로부터 용납받고 위로받게 하신다. 당신의 삶에 수치감을 가져오는 영역들에 대해 만나서 터놓고 얘기할 수 있는, 비밀을 지키며 믿을 수 있는 사람이 있는지 주께 여쭈어 보라. 당신이 그런 수치감을 나눌 때, 그 수치감들이 어두움 밖, 빛으로 나오게 될 때 사단은 당신의 가슴을 꽉 쥐고 있는 그 움켜쥠을 놓게 될 것이다.

주님께서는 당신의 친구를 통해 은혜와 용서, 용납받는 역사를 이루실 수 있다. 친구에게 당신을 위해서 기도해 줄 것도 부탁하라. 사단은 당신의 삶에 붙들고 있는 수치와 정죄의 움켜쥠을 잃게 될 것이다.

> "그러므로 너희 죄를 서로 고백하며 병이 낫기를 위하여 서로 기도하라 의인의 간구는 역사하는 힘이 큼이니라"(약 5:16).
>
> "이에 숨은 부끄러움의 일을 버리고 속임으로 행하지 아니하며 하나님의 말씀을 혼잡하게 하지 아니하고 오직 진리를 나타냄으로 하나님 앞에서 각 사람의 양심에 대하여 스스로 추천하노라"(고후 4:2).

바울과 그를 인도했던 사람들은 그들의 과거 삶의 수치스러운 모습에 대해 정직했다. 그들은 이런 일들을 하나님께 고백하고 내려놓았다. 이제 원수는 더 이상 이런 것들을 이용해서 그들의 이름을 불명예스럽게 할 수 없다. 그들의 과거의 죄가 빛으로 나왔기 때문에 사단의 유혹, 비난, 정죄에는 더 이상 예전 같은 능력이 없었다. 이것은 그들이 하나님과 함께 걷는 데에 힘과 근거가 되었다.

적용

1. 매일매일 의의 의복을 입는데 가로막고 있는 것이 있는가?

2. 이 옷이 수치와 죄책감에서 당신을 자유롭게 하도록 하라. 수치심과 정죄감에서 벗어나 자유롭게 해주는 의의 의복을 받아들일 수 있는가?

■ 만약 당신이 아직 그리스도를 구세주와 주인으로 영접하지 않았다면:

TIP 만약 진정으로 이 기도를 한다면, 그리스도께서는 당신의 마음에 들어오실 것이고, 당신은 그리스도와 인격적인 관계를 시작하며 영생을 얻게 될 것이다! 당신은 하나님과 동행하는 놀라운 여정이 시작될 것이다.

영접 기도(사영리)(부록: 기도문 1)

주 예수님, 주님을 믿고 싶습니다. 십자가에서 죽으심으로 내 죄값을 담당하시니 감사합니다. 지금 나는 내 마음의 문을 열고, 예수님을 나의 구주, 나의 하나님으로 영접합니다. 나의 죄를 용서하시고, 영생을 주심을 감사합니다.

나를 다스려 주시고, 나를 주님이 원하시는 사람으로 만들어 주옵소서. 예수님의 이름으로 기도합니다. 아멘.

■ 당신이 만약 이미 믿는 자라면:

회개 기도(부록: 기도문 2)

나의 죄악된 행위 ________를 고백합니다. 이 죄악된 행위를 회개하고 나의 보호자, 공급자, 그리고 나의 필요와 갈급함을 만족케 하시는 주님께 돌아갑니다. 예수님의 이름으로 이 죄악된 행위를 통해서 사단이 얻었을지도 모르는 어떠한 근거도 철회합니다. 이 죄악된 행위에 다시 빠지지 않고 승리할 수 있게 하시는 성령의 능력과 충만함을 기도합니다. 예수님의 이름으로 기도합니다. 아멘.

★ 예: 불신, 용서하지 못한 것, 질투, 비교의식, 다른 사람에게 방어벽 쌓는 것, 우상숭배 등.

■ 이미 믿지만 죄책감과 수치심으로부터의 자유함을 원한다면:

고백하고 포기하는 기도(부록: 기도문 4)

예수님의 이름으로 나는 내가 믿었던 내 자신에 대한 이름인 죄책감, 수치심을 거절합니다. 예수님의 이름으로 명하노니 (당시 어떤 상황을 통해서) 죄책감과 수치심을 믿게 한 악한 영은 떠나갈지어다!(평강과 확신이 올 때까지 계속 외친다.) 나는 내가 이 이름을 받아들였을 때 사단이 얻었을지도 모르는 어떠한 근거도 철회합니다.

그리고 나는 ______________(예: 보배로운 보석, 왕 같은 제사장, 거룩한 백성, 가치 있는 자, 아름다운 관, 주님의 기쁨, 예수님의 신부, 영광스러운 자, 주님의 귀한 자녀, 소중한 자, 선택된 자)라는 주님이 내게 주신 의로운 이름을 믿습니다. 예수님의 이름으로 자유를 선포합니다. 예수님의 이름으로 기도합니다. 아멘.

TIP

오늘날 이 공부에 대한 놀라운 사실은 다윗이 비록 죄에 깊게 빠졌지만, 하나님께서 은혜, 자비, 사랑으로 다시 그를 세우셨다는 점이다. 주님은 다윗을 왕의 자리에서 몰아내지 않으셨다. 왜일까? 하나님께서는 자비롭고, 친절하며, 용서하고, 사랑하는 하나님이시기 때문이다. 우리가 발을 헛디뎌 죄의 속박에 빠졌을 때, 회개한 후라 해도 교회에서 하는 봉사나 우리의 사역을 그만둬야 한다고 생각하기 쉽다. 때때로 하나님께서는 당신을 치유하고 다시 세우는 동안은 당신이 리더의 직분을 내려놓기를 바라실지도 모른다.

이 치유의 시간 동안 멘토의 역할을 해줄 수 있는 사람을 찾아보라. 우리는 하나님을 섬기는 자리를 잃는 것을 방지하기 위하여 절대 다른 사람들로부터 "우리의 죄를 숨기지" 않아야 한다. 본인의 직업, 사역, 또는 관계에서 대가를 치르더라도, 우리는 경건한 상담을 해줄 수 있는 사람에게 솔직해야 한다. 하나님의 능력 안에서 견뎌야 하는 우리 죄의 결과는 항상 있다. 그러나 우리는 주님의 훈련 가운데서 그분의 사랑, 용납, 은혜, 용서, 선하심을 발견할 것이다.

과제

1. 다음 과를 준비한다.
2. 그룹원들이 이미 용서를 받아 거룩하고 정결해진 자기 자신들을 바라봄으로써 승리할 수 있도록 기도하라. 또한 그들이 수치심의 결박으로부터 자유하도록 기도하라.

4과
새로운 이름

"…… 오직 너를 헵시바(나의 기쁨이 그에게 있다)라 하며
네 땅을 뿔라(결혼한 여자)라 하리니
이는 여호와께서 너를 기뻐하실 것이며 네 땅이 결혼한 것처럼 될 것임이라"
(사 62:4).

시작

당신의 이름은 어떤 의미를 가지고 있는가? 부모님께서 당신의 이름을 선택한 이유를 아는가? 간단히 설명해보라.

....

....

이름은 인생에서 매우 중요하다. 어떤 문화에서는, 이름을 통해 아이에 대한 메시지를 직접적으로 사회에 전달한다.

룻기에서 나오미는 자신의 아들 중의 하나를 "말론"이라고 이름을 지었다. 그 뜻은 "아픈"이라는 의미로서, 사람들에게 자신의 아들이 몸이 약하다는 것을 알리기 위함이었다.

많은 중국인들은 애국심을 나타내기 위해 1960년대와 1970년대에 태어난 아기 이름에 "붉은"(중국말로는 '홍'으로 발음)이라는 칭호를 넣기도 했다. 다른 문화에서는, 특정한 가족 구성원을 기리기 위해 그의 이름을 선택한다. 어떤 사람들은 아기의 이름을 자신이 존경하는 사람의 이름을 따서 작명하고, 아기가 그 사람처럼 자라기를 바란다. 단순히 예쁜 이름을 선택하는 사람들도 있다.

히브리 문화에서 이름은 매우 중요하다. 그러므로 하나님께서 그의 백성들을 위해 택하신 이름을 통해서 하나님과 우리의 관계, 그리고 우리의 특성에 대한 주님의 관점에 대해 많은 것을 알 수 있다.

우리의 새로운 이름

1. 하나님께서 믿는 자인 당신에게 주신 성경의 이름은 어떤 것들이 있는가?

....

....

"이방 나라들이 네 공의를, 뭇 왕이 다 네 영광을 볼 것이요 너는 여호와의 입으로 정하실 새 이름으로 일컬음이 될 것이며 너는 또 여호와의 손의 아름다운 관, 네 하나님의 손의 왕관이 될 것이라 다시는 너를 버림 받은 자라 부르지 아니하며 다시는 네 땅을 황무지라 부르지 아니하고 오직 너를 '헵시바'라 하며 네 땅을 '쁄라'라 하리니 이는 여호와께서 너를 기뻐하실 것이며 네 땅이 결혼한 것처럼 될 것임이라"(사 62:2-4).

다른 나라들은 하나님의 민족을 "버려진 땅" 그리고 "황무지"로 불렀다. 이 말씀은 유대인들이 역사적으로 풀죽은 모습의 민족이었을 때 그들에 대해 쓰여진 예언이었다. 그 당시 유대인들은 자신들의 나라도 없었을 뿐만 아니라, 바빌로니아(바벨론)의 포로로 살고 있었다. 다른 나라의 통치 하에 사는 것은 열등하고 불쌍한 것으로 인식되었다. 역사에서 그 시대의 모든 나라는 각자 어떤 형태로든 신을 섬겼다. 따라서 그들은 유대 민족과 유대인의 하나님을 조롱하기 위해 유대 민족을 "버려진 땅" 그리고 "황무지"로 불렀다. 하나님께서 유대 민족을 버리시고, 잊으시고, 그들의 땅과 터전을 황량하게 버려두셨다고 암시하고 있었다. 그러면서 유대인들도 이 거짓을 믿었다.

슬프게도, 우리 중에 많은 사람들도 어려운 환경에 처하면, 우리가 하나님에 의해

버려졌고, 잊혀졌으며, 묵살당했다는 사단의 거짓을 믿을 수 있다.

우리가 다른 사람들에 의해 계속하여 무시당하거나 거부당하거나 모욕을 받거나 수치스러움을 당하거나 혹은 깎아내려질 때, 우리는 이러한 거짓말을 믿게 되어 하나님이 우리를 보시는 관점과는 정반대로 불리는 이름을 받아들이게 된다.

이 이름들은 '처량한', '약한', '가치 없는', '멍청한', '쓸모 없는', '하찮은', '추한', '볼품 없는', '사랑스럽지 못한', '거절되는', '역겨운', '실패할 수밖에 없는', '희망 없는' 등으로 말할 수 있다.

2. 여기에서 "나에게 꼭 맞는 말이네"라고 생각되는 단어가 있는가?(위에서 언급된 표현 이외에도) 이 거짓들은 어디로부터 오는 것인가? 이 거짓이 언제 처음 시작되었는가?

....

....

유대 나라의 정체성이 가장 낮아진 상황 가운데, 하나님께서는 그들에게 오셔서 그들의 영혼에 회복과 희망이 되는 새로운 이름을 주셨다. 하나님께서는 그들에게 "나의 종" 혹은 "하나님의 창조물" 같은 이름을 주실 수도 있었지만, 하나님과 유대 민족 간의 사랑의 관계를 반영하는 아름다운 이름을 주셨다. 이는 "헵시바"로, "여호와께서 너를 기뻐하실 것"이라는 의미이다.

하나님께서는 유대 민족이 버림받지 않았다는 사실을 알기를 원하셨다. 하나님께서 그들 안에서 기뻐하신다고 말씀하셨다. 주님께서 그들의 땅을 "쁄라" 혹은 "결혼했음"으로 부르실 때에, 그들이 하나님의 신부이며, 하나님께서 그들을 보호하고, 사랑하고, 공급해주고, 보살펴 줄 믿음의 남편임을 유대 민족이 알기를 원하셨다.

이사야 62:1-4는 우리가 "여호와께서 너를 기뻐하실 것"이라는 새 이름을 가졌음을 말하고 있다. 1절에 "시온"이라고 쓰인 부분을 주목하라. 이 말씀이 역대 모든 믿는 자들을 위한 것이라는 뜻이다.

우리가 거짓 안에서 살 때, 우리의 삶은 점점 더 공허해지고 문제가 많아진다. 경건한 열매가 점점 더 줄어들며, 우리의 행동, 성격, 인간관계에서 황폐함이 증가하는 결과를 초래한다. 이것이 다른 이들이 조롱했던 유대인의 "황무지"이다.

그러나 하나님께서는 새로워진 유대 민족 사이와의 관계를 통해 그들의 정체성을 회복하셨고, 심지어 그들의 땅도 다시 채워짐을 받았다. 우리가 하나님과의 신랑, 신부인 관계와 우리 자신을 새롭게 하시기를 주께 맡길 때 우리의 성격, 몸, 마음, 영, 인간관계 안에서의 열매(변화)가 넘쳐날 것이다.

3. 당신의 영을 억압하기 위해 쓰인 거짓 이름들을 생각해보라. "나의 기쁨이 그에게 있다"(헵시바). 새롭게 지어진 이 이름이 당신이 어제까지 받아들였던 거짓된 이름과 어떻게 다른가?

....

....

4. 이사야 62:2–4 말씀은 "너는 여호와의 손에 들려있는 아름다운 왕관이 될 것이다"라고 말한다. 하나님께서 당신에게 주신 새 이름이다! 하나님께서 왜 이러한 시적인 표현을 쓰셨는가?

....

....

만약 우리가 여러 사람의 무리 중에 있을 때 갑자기 누군가가 아름다운 왕관을 쓰고 방으로 들어온다면, 우리는 그 사람이 누구인지 보려고 할 것이다. 왕관을 쓸 수 있을 정도의 위치와 위상을 가진 그 사람과 같은 공간에 있다는 것에 들뜬 기분일 것이다. 이는 영광받는 왕족인 사람의 상징이다.

하나님께서는 이것을 우리에게 말하고 계신다! 우리는 영화로운 면류관이다. 다른 사람들이 볼 수 있도록 우리가 왕족의 아름다움을 지니기를 원하신다. 우리는 왕 중의 왕이신 분의 자녀, 왕자와 공주이다. 자랑스럽고, 영광스럽게 우리는 이 칭호를 지닐 수 있다.

5. 만약 당신이 이 칭호들을 진정으로 받아들이고 당신의 이름인 것처럼 살기 시작한다면, 하나님과 이웃과의 관계에 어떤 변화와 영향이 있겠는가?

우리는 하나님의 기쁨이다!

우리가 '여호와의 기쁨'이라는 사실이 놀랍다! 잠시 생각해보자. 이는 당신이 하나님의 기쁨의 대상이라는 뜻이다. 하나님은 우리가 매일 말씀을 읽고, 기도하며, 하나님과 시간을 보내기를 원하실 뿐만 아니라, 신랑이 신부와 같이 있음에 감격하는 것과 같이 우리와 함께 있는 것을 기뻐하고 즐거워하신다.

히브리어는 이 세상에서 가장 서술적인 언어 중의 하나이다. 우리 안에서 하나님의 기쁨을 표현하는 단 한 개의 단어를 사용하는 대신에, 하나님께서는 즐거움, 함께 있음의 즐거움, 또한 이 의미의 다른 표현을 이르는 기쁨이라는 단어를 16개의 히브리어 단어를 구약에서 사용하신다. 하나님께서 우리 안에서 얼마만큼 기뻐하시는지를 우리가 진정으로 알기를 원하시는지 보이는가?

다음은 우리가 오늘 공부할 말씀에서 사용된 4개의 히브리어 단어이다. 각 구절을 더 잘 이해하기 위해 각 히브리어 단어의 정의를 찾아보자.

- "…… 그가 기뻐하시는 나무는 유다 사람이라 ……"(사 5:7).
  – ('shashua', 샤슈아 – 즐거움, 기쁨)

- "…… 오직 너를 헵시바(나의 기쁨이 그에게 있다)라 하며 네 땅을 뿔라(결혼한 여자)라 하리니 이는 여호와께서 너를 기뻐하실 것이며 네 땅이 결혼한 것처럼 될 것임이라"(사 62:4).
  – ('chaphets', 차페츠 – 즐거워하는, 은혜, 즐거움, 좋아함, 아주 기뻐함)

- "… 신랑이 신부를 기뻐함 같이 네 하나님이 너를 기뻐하시리라"(사 62:5).
  – ('masos', 마소스 – 기쁨, 기쁨의 감정의 대상 혹은 원인, 환희)

- "내가 붙드는 나의 종, 내 마음에 기뻐하는 자 곧 내가 택한 사람을 보라 ……"(사 42:1).
  – ('ratsah', 라트사 – 기뻐하는, 이루다, 만족스러운, 허용하다, 즐거워하다, 좋아하다, 스스로 만족하다)

6. 기쁨을 나타내는 4개의 히브리어 단어를 공부하면서, 이것들이 신부로서의 당신과 하나님의 관계에 대하여 무엇을 말해주고 있다고 생각하는가? 이 단어들 중 당신의 눈에 띄는 단어는 무엇인가?

우리는 하나님의 사랑받는 자들

하나님께서는 우리가 하나님의 사랑받는 자들이라는 것을 표현하기 위해 몇 가지의 이름을 갖고 계신다. 사도 요한은 그리스도가 우리에게 주신 친밀한 교제가 무엇인지를 진정으로 이해하였다. 요한복음 13:23에서, 요한은 스스로를 "예수께서 사랑하시는 제자"라고 불렀다. 바울과 요한은 교회들에게 쓴 편지에서 성도들을 "하나님의 사랑하심을 입은 사람들"로 표현하였다(롬

1:7). 그리스어로 이 구절은 "사랑받는, 존중받는, 소중한, 가장 좋은, 사랑받을 가치 있는"(스트롱 사전, 1998)이라는 뜻이다.

우리를 위한 친밀한 이름들은 얼마나 깊이 우리가 하나님께 사랑받고, 소중히 여겨지고, 귀하게 여김을 받는지를 진정으로 보여준다.

우리는 하나님의 신부

"…… 신랑이 신부를 기뻐함 같이 네 하나님이 너를 기뻐하시리라"(사 62:5).

7. 이사야 62:5에서 남편이 아닌 신랑으로, 아내가 아닌 신부로 쓰인 단어에 주목하라. 그리스도는 신랑이고, 우리(교회)는 신부이다. 주님께서는 신랑과 신부인 관계의 묘사를 통해 우리가 하나님과의 관계에서 무엇을 배우기를 원하는가?

....

....

우리가 받은 "신부"라는 호칭은 흥분, 매우 큰 기쁨, 만족함, 미래에 대한 행복한 기대를 묘사하기 위함이다. 요한계시록 19:7-8은 언젠가 우리(신부)가 하나님의 어린 양인 우리의 신랑과의 멋진 결혼의 일부가 될 것임을 말하고 있다.

이미 공부한 것처럼, 하나님께서는 당신을 경건하고, 깨끗하고, 온전히 용서받은 자로 보신다. 주님께서는 당신을 그분께서 기뻐하시고, 그분께 사랑받는 신부로 보신다.

"너의 하나님 여호와가 너의 가운데에 계시니 그는 구원을 베푸실 전능자이시라 그가 너로 말미암아 기쁨을 이기지 못하시며 너를 잠잠히 사랑하시며 너로 말미암아 즐거이 부르며 기뻐하시리라 하리라"(습 3:17).

8. "다른 사람에게" 크게 기뻐한 일이 있는가? 어떤 일이었는지 설명해보라.

9. 스바냐 3:17의 말씀처럼, 당신을 사랑하시는 주님을 생각해 볼 때 어떤 그림이 마음속에 그려지는가?

우리가 하나님께서 크게 기뻐하시는 그리스도의 신부라는 엄청난 진리를 묵상할 때, 우리의 마음은 완전히 바뀌어질 것이다. 우리는 하나님의 사랑으로 잠잠해질 것(경외로부터 침묵됨)이다. 불안함이 사라지고, 우리 영에 평화가 넘칠 것이다. 우리를 위해 사랑의 노래를 부르시고, 신부를 위해 응원하시는 예수님의 감미로운 목소리를 듣기 시작할 것이다!

우리의 연인이 이미 우리를 그의 신부로 선택하였음을 깨닫기 때문에 우리는 더 이상 사랑을 찾아 헤매지 않을 것이다. 우리는 하나님의 용납을 얻기 위해 분투하는 것, 외로움 때문에 우는 것, 그리고 우리의 가치 없음을 통탄하는 것을 멈출 수 있다. 우리는 하나님의 소중히 여겨지는, 선택받은, 아름다운, 사랑받는 신부로 편히 쉴 것이다.

우리는 하나님의 포도원(정원)

"무릇 만군의 여호와의 포도원은 이스라엘 족속이요 그가 기뻐하시는 나무는 유다 사람이라 ……"(사 5:7).

위 구절에서는, 하나님께서 이스라엘과 유다 사람을 포도밭에 비유하신다(다시 한 번 말하지만, 이는 모든 성도들에게 적용할 수 있게 되어 있다). 포도밭이 열매를 맺기 위해서는 농부는 매일 포도나무를 극진히 돌봐야 한다.

4과에서는, 하나님께서 유대 민족에게 고통을 감내하면서 그들을 돌보았음에도 왜 "좋은" 열매를 맺고 있지 않느냐고 묻고 계신다. 하나님께서는 우리에게 돌봄, 공급, 사랑, 보호, 용서, 치유, 권세를 부어주신다. 따라서 그분은 우리에게도 같은 질문을 하신다.

우리의 삶에서 열매는 무엇인가?

당신은 "좋은 포도", 아니면 "나쁜 포도"를 갖고 있는가?

"내가 내 포도원을 위하여 행한 것 외에 무엇을 더할 것이 있으랴……"(사 5:4).

하나님께서는 우리를 그분의 기쁨의 정원이라고 부르신다. 하나님께서는 진정으로 사랑을 자녀에게 부어주시는 완전한 아버지일 뿐만 아니라, 그분의 포도밭을 보살피는 능력의 농부이시다.

만약 우리를 가꾸시는 분이 사랑스럽게, 부드럽게, 조심히 우리를 돌보시는 것을 이해한다면, 우리는 그분을 가까이 따르고 싶고, 의의 열매를 맺을 것이다. 그러나 만약 우리가 실패자이며, 용서받지 못하고, 수치스럽고, 가치 없고, 사랑받지 못하며, 거절당한다는 거짓을 믿는다면, 우리는 죄 많은 행동(나쁜 열매)을 드러낼 것이다. 우리가 하나님의 성품과 주님과의 관계, 그리고 우리의 정체성에 관계된 거짓 안에서 살게 되면, "나쁜 열매"를 맺는다.

10. 하나님께서 진정으로 그분의 포도밭이신 당신을 보살피고 계심을 간증할 수 있는 방법을 몇 가지 적어보라. 하나님의 놀라우신 보살핌의 결과로 당신의 삶에서 현재 볼 수 있는 열매가 있다면 적어보라.

적용

하나님께서는 우리에게 새로운 이름을 주기를 원하신다. 우리는 몇 가지 놀라운 이름들을 공부하였다: "헵시바"(여호와께서 너를 기뻐하실 것); 주님의 사랑받은 자, 주님의 택함받은 신부, 주님의 기쁨의 정원, 주님의 소중한 포도원. 이 이름들이 당신의 이름임을 선포하라. 그동안 받아들였던 거짓 이름들을 고백하고 버리라.

고백하고 포기하는 기도(부록: 기도문 4)

예수님의 이름으로 나는 내가 믿었던 내 자신에 대한 이름인 ____________(예: 쓸모없는, 가치 없는)을 거절합니다. 예수님의 이름으로 명하노니 ____________(예: 엄마 뱃속에서부터 생긴 두려움, 초등학교 때 생긴 열등감)을 믿게 한 악한 영은 떠나갈지어다! (평강과 확신이 올 때까지 계속 외친다.) 나는 내가 이 이름을 받아들였을 때 사단이 얻었을지도 모르는 어떠한 근거도 철회합니다.

그리고 나는 ______________(예: 보배로운 보석, 왕 같은 제사장, 거룩한 백성, 가치 있는 자, 아름다운 관, 주님의 기쁨, 예수님의 신부, 영광스러운 자, 주님의 귀한 자녀, 소중한 자, 선택된 자)라는 주님이 내게 주신 의로운 이름을 믿습니다. 예수님의 이름으로 자유를 선포합니다. 예수님의 이름으로 기도합니다. 아멘.

예를 들어, 이렇게 기도할 수 있다.

"예수님의 이름으로 나는 내가 믿었던 내 자신에 대한 이름인 나는 사랑스럽지 않아를 거절합니다. 예수님의 이름으로 명하노니 초등학교 때 친구들에게 왕따 당하면서 '나는 사랑스럽지 않아'를 믿게 한 악한 영은 떠나갈지어다! (평강과 확신이 올 때까지 계속 외친다.) 나는 내가 이 이름을 받아들였을 때 사단이 얻었을지도 모르는 어떠한 근거도 철회합니다. 그리고 나는 예수님의 신부라는 주님이 내게 주신 의로운 이름을 믿습니다. 예수님의 이름으로 자유를 선포합니다. 예수님의 이름으로 기도합니다. 아멘."

다같이 스바냐 3:17을 소리 내어 읽어보라. 함께 이 말씀을 붙잡고 기도하라.

과제

1. 종이 혹은 좋은 편지지를 준비하여 잠시 당신의 신랑인 주님으로부터 온 편지를 써보라. 오늘 공부한 말씀을 바탕으로 주님께서 당신에게 하신다고 생각되는 말씀을 써보라.
2. 다음 과를 준비한다.

5과 사랑의 아버지

"진리를 알지니 진리가 너희를 자유롭게 하리라"(요 8:32).

시작

미디어(TV, 영화, 소설)에 나오는 유명한 아버지의 모습을 생각해보고, 그 아버지의 좋은 점과 나쁜 점에 대해 나누어보라.

육신의 아버지, 천국의 아버지

1. 당신이 어렸을 때 아버지가 어떤 모습이었는지, 아버지의 긍정적 혹은 부정적이었던 성격 등을 당신과의 관계를 포함해서 간단히 적어보라. 만약 아버지께서 안 계셨다면, 주된 보살핌을 받았던 분에 대해서 적어보라.

하나님은 그의 자녀를 향한 주님의 사랑을 나타내시기 위해 아버지 – 자녀의 관계를 설정하셨다. 자녀들은 어렸을 때 발생한 구체적인 일과 관계를 통해서 세상을 이해한다.

하나님에 대한 개념은 권위에 대한 관계를 이해하는 것으로부터 온다. 아버지 – 자녀의 관계는 하늘에 계신 아버지와 믿는 자들 간의 관계를 가장 가까운 관계로 보여주고 있다. 어른이 된 우리에게는 육신의 아버지의 긍정적인 면과 부정적인 면들이 천국의 아버지에게 무의식적으로 투영된다.

2. 육신의 아버지로부터 받은 긍정적이거나 부정적인 어떤 부분들이 하나님 아버지를 바라보는 관점에 투영되었는가?

3. 가장 큰 스트레스가 되는 상황을 생각해보라. 이런 상황에서 당신은 보통 하나님과의 관계를 어떻게 보고 있는가? 당신이 실수를 하거나 죄를 지었을 때는 하나님께서 당신을 어떤 관점으로 대하신다고 생각하는가?

우리는 하나님께서 사랑이시고, 거룩하시며, 용서하시고, 온화한 그리고 권세 있는 분이라는 것을 알고 있다. 그러나 만약 스트레스를 받는 상황에서의 우리의 반응을 생각해본다면, 우리 믿음의 뿌리에 하나님에 대한 거짓이 어느 정도 있다는 것을 발견하게 될 것이다. 예를 들면, 만약에 우리가 죄를 고백하면, 그리스도께서 흘리신 십자가의 피 때문에 우리의 모든 죄가 용서받고, 하나님께서 우리를 온전히 받아주신다는 것을 안다.

그러나 우리 중의 어떤 사람들은 우리가 실수를 하거나 죄를 지었을 때, 수치스럽게 느끼며, 하나님께서 우리에게 냉혹하게 대하실 것이라고 생각하여 주님 앞에 나오는 것을 두려워하기도 한다. 이것이 하나님께서 용서하시고, 인내하시고, 자비하시고, 그리고 자애로우신 우리의 구원자라고 믿는 믿음인가?

개인적으로, 나의 가족이 재정적으로 많이 어려울 때, 나의 걱정의 정도는 하늘을 찌른다. 전지전능하시고, 한결같으시며, 주권자이시고, 신실하시고, 돌보시는 하늘의 아버지에 대한 나의 믿음은 어디로 간 걸까?

성경에는 이 역설에 대해 뚜렷하게 고민하는 사람들이 많이 있다.

"나는 하나님께서 누구이신지 알고 있습니다. 그러나 나는 또 다른 믿음으로부터 행동하고 있지 않습니까?" 우리가 선지자 엘리야의 삶의 한 시기를 읽을 때, 우리는 이와 비슷하게 양분됨이 등장하는 것을 볼 수 있다.

엘리야의 고통

4. 열왕기상 18:19–46을 읽으라. 엘리야가 경험했던 믿음의 사건을 통해 우리는 하나님에 대하여 무엇을 볼 수 있는가? 주님에 대한 믿음이 얼마나 강했는가? 어떻게 그것을 알 수 있는가?

5. 열왕기상 19:1–18을 읽으라.
   열왕기상 18장과 19장에서 나타난 엘리야와의 다른 모습을 비교해보라. 하나님의 성품에 대한 그의 믿음에 있어서 어떤 변화가 보이는가?

6. 엘리야는 우울증의 몇 가지 증상을 보였다. 그 증상들을 나열하고, 그의 우울증의 원인이 무엇 때문이었는지 말해보라.

7. 하나님은 엘리야가 가지고 있는 우울증, 부족한 믿음, 그리고 주님의 진정한 성품에 대한 그 불신에 대하여 어떻게 응답(몇 가지로 응답하신다)하셨는가?

8. 열왕기상 19:11은 하나님께서는 "바람, 지진, 불"에 계시지 않다고 말한다. 12절에서 하나님께서는 엘리야에게 온화한 목소리로 말씀하셨다. 이러한 일을 통해서 하나님께서 엘리야의 개인적인 필요에 신경쓰지 않는다는 거짓으로부터 어떻게 엘리야를 자유롭게 하셨는가?

9. 하나님의 진정한 성품을 바탕으로 바라볼 때 당신의 부족한 믿음, 불신, 감정적인 괴로운 반응들에 하나님께서 어떻게 응답하고 싶어하신다고 생각하는가?

머리로 믿는 것, 가슴으로 믿는 것

때때로 우리는 천국의 아버지에 대한 바르지 못한 생각으로 괴로워한다. 성경에서 사단은 "거짓의 아버지", "비난자", "속이는 자"라는 이름으로 불린다.

사단은 우리가 일반적인 삶을 살아갈 때, 과거로부터 지금까지 우리에게 부정적인 영향을 끼친 권위자들을 사용하여 성경과 달리, 천국의 아버지가 우리를 완전하게 사랑하지 않는다고 설득시키려고 한다.

사단은 우리가 하나님을 다음과 같이 믿기를 원하고 있다.

하나님은 멀리 계시고, 수동적인, 약한, 까다로운, 닿기 어려운, 주도권을 쥐지 못하는, 매서운, 기쁘게 하기 어려운, 화난, 비판적인, 판단하는, 치우친, 지루한, 구두쇠의, 돌보지 않는, 사랑이 없는, 공정하지 못한, 용서가 없는, 복수하는, 친절하지 않은, 인내심이 없는, 제한된, 잘 잊는, 현명하지 못한, 사려 깊지 못한, 비열한 분이시다.

10. 하나님을 거짓으로 말하는 위의 표현들 중 가끔 믿어야 한다고 유혹받은 단어들이 있는가? 그 단어들에 밑줄을 그어보라. 이런 잘못된 믿음을 갖게 한 상황이나 관계는 무엇인가?

....

....

믿음에는 두 가지 종류가 있다. 머리로 믿는 것과 가슴으로 믿는 것이다.

머리로 믿는 믿음은 그동안 우리가 배움을 통해 얻는 지식으로 믿는 믿음을 말하며, 정상적인 상황 속에서 이 믿음을 따라 반응하는 것이다.

가슴으로부터의 믿음은 영혼 깊은 곳에서부터 믿는 것으로, 두려울 때, 스트레스가 심할 때, 그리고 우리 자신을 보호하려고 노력할 때 머리로 믿는 믿음을 능가하는 믿음이다.

대부분 머리로 믿는 것과 가슴으로 믿는 것은 같다. 이것을 확신이라고 부른다. 그러나 때때로 우리는 우리 자신이 예상치 못한 방법으로 반응하는 모습을 발견하게 될 때가 있다. 이를 통해 어떤 면에서 가슴으로부터의 믿음과 머리로부터의 믿음이 같지 않다는 것을 깨닫게 될 것이다.

우리는 주님의 거짓 성품을 믿어왔을 뿐만 아니라, 주님이 우리를 어떻게 대하는지에 대한 거짓 방법도 믿어왔다.

몇 가지 대표적인 예들은 다음과 같다.

하나님께서는 너무 바쁘셔서 우리에게 관계하지 않으시거나, 응답하지 않으시거나, 일관성이 없으시다(어떤 때는 우리와 함께 하시지만, 그렇지 않으실 때도 있다).

우리를 버리시고, 우리에게서 멀리 계시고, 용서가 없으시고, 우리를 부끄럽게 여기시고, 비판적이시고, 까다로우시고, 판단하시고, 우리를 이용하시고, 우리를 도울 힘이 없으시고, 수동적이시고, 구두쇠이시고, 무섭게 벌을 주시고, 항상 우리에게 가르치려고만 하시고, 사랑이 없으시고, 우리를 허락하지 않으시고, 방만하시고, 우리를 잊어버리시고, 실수하시는 경우도 있고, 우리에게 매정하시고, 무감각하시고, 보살피지 않으시고, 절대 우리에게 만족하지 않으시고, 통제하려고만 하시고, 조종하려고만 하시는 "완벽주의자"이시다.

11. 당신 자신이 어려운 상황 속에서 스트레스를 받게 될 때, 하나님께서 어떻게 대하신다고 생각하는가? 위의 목록으로부터 이런 상황에서 믿게 되는 하나님에 대한 거짓에 밑줄을 그어보라.

적용

여기에 두 가지의 목록이 있다. 첫 번째는, 하나님의 성경적 성품들이다. 두 번째는, 하나님이 자녀들을 대할 때의 방법을 설명하는 것이다.

좋으신, 친절하신, 사랑의, 인내하시는, 보살피시는, 강하신, 현명하신, 사려 깊으신, 긍휼의, 용서하시는, 능동적이신, 임재하시는, 부드러우신, 질투의, 공의의, 공정하신, 거룩하신, 은혜를 베푸시는, 공급하시는, 후하신, 주권자이신, 가까이 닿을 수 있는, 무소부재하신, 위엄 있으신, 질서의, 전지 전능하신, 완전하신, 위대하신 하나님.

우리를 인도하시는, 위로하시는, 용서하시는, 가르치시는, 사랑하시는, 삶에 관계하시는, 인생의 계획을 주시는, 필요를 모두 채워주시는, 힘을 주시는, 단련하시는, 소중히 여기시는, 보호하시는, 받아주시는, 힘을 북돋아 주시는, 도전하시는, 키우시는, 기도해주시는, 확신시키시는, 용기를 주시는, 섬기게 하시는, 부르시는, 조언해주시는, 인내심을 갖고 지켜봐 주시는, 실패의 자유를 주시는, 동정과 은혜와 친절을 주시는, 영광스럽게 하시는, 계속 지켜봐 주시는, 은사를 주시는, 우리를 기뻐하시는, 우리를 아끼시는, 우리를 즐겁게 하시는, 그분의 사랑의 열매를 맺게 하시는, 우리를 자랑스럽게 생각하시는 하나님.

1. 위 목록들을 보면서 질문 10번, 11번에서 밑줄 그었던 아버지에 대한 거짓 믿음과 배치되는 목록들에 밑줄을 그어보라. 1과(12번 질문의 거짓 – 진리 – 성경구절 표)에 적어보라.

2. 하나님에 대해 당신이 믿어왔던 거짓을 진리로 대체하는 기도를 소리 내어 드려보라.

하나님과의 관계회복을 위한 기도(부록: 기도문 5)

예수님의 이름으로 나는 하나님이 (약하고, 용서하지 않으시는, 돌보지 않으시는 등등)의 거짓을 물리칩니다. 나는 내가 이 거짓을 믿었을 때 사단이 얻었을지도 모르는 어떠한 근거도 철회합니다. 그리고 나는 하나님이 (강하고, 돌보시고, 나에게 관심을 갖으신다는 등등)의 하나님에 대한 진리를 믿습니다. 예수님의 이름으로 자유를 선포합니다. 예수님의 이름으로 기도합니다. 아멘.

하나님에 대한 거짓을 믿은 결과는 다양한 죄의 행동과 태도로 나타난다. 이들 중의 어떤 것들은 명백한 죄는 아니지만, 그 행동의 뿌리는 하나님에 대한 신뢰와 믿음의 부족함인 것이다. 이것이 엘리야의 문제였다.

그러므로 그의 우울함은 하나님 아버지의 성품에 대한 믿음의 부족함에서 기초한다. 히브리서 11:6 앞절은 "믿음이 없이는 하나님을 기쁘시게 하지 못하나니"라고 말씀한다. 그러므로 우리는 죄의 행동과 부족한 믿음을 회개해야 한다.

하나님의 성품에 대한 믿음의 부족에서 나오는 가능한 몇 가지의 결과는 다음과 같다.

- **육신의 구속에 빠지는 경우** – 폭식, 운동 중독, 컴퓨터 게임, 이메일, TV 및 영화 보기, 쇼핑, 바쁨, 사람들 기쁘게 하기, 완벽주의, 포기, 일중독, 사람의 마음 조종하기, 남 탓하기, 합리화, 자기 연민, 잠으로 도피, 사람에게 의지하기, 지나친 독립심, 다른 사람의 행동까지 통제하기, 욕망, 환상, 수음, 추파, 난잡함, 불륜, 포르노 같은 강박 관념에 사로잡힌 행동들.
- **통제할 수 없는 감정의 구속에 빠지는 경우** – 두려움, 불안, 화, 분노, 외로움, 우울함, 절망, 무력함, 수치스러움, 자살 충동, 체념, 용서하지 못함, 신랄함.

3. 다음은 3과에서 사용한 기도이다. 잠시 시간을 갖고 하나님에 대한 믿음의 부족에서 나오는 행동들(위의 목록을 참고 가능)을 밝혀내고, 이를 회개하는 기도를 한다. 부록의 회개기도를 참고하거나, 성령님이 이끄시는 대로 개인적으로 기도를 해도 된다.

회개 기도(부록: 기도문 2)

나의 죄악된 행위(예: 불신, 용서치 못한 것, 질투, 비교의식, 다른 사람에게 방어벽 쌓는 것, 우상숭배 등)를 고백합니다. 이 죄악된 행위를 회개하고 나의 보호자, 공급자, 그리고 나의 필요와 갈급함을 만족케 하시는 주님께 돌아갑니다. 예수님의 이름으로 이 죄악된 행위를 통해서 사단이 얻었을지도 모르는 어떠한 근거도 철회합니다. 이 죄악된 행위에 다시 빠지지 않고 승리할 수 있게 하시는 성령의 능력과 충만함을 기도합니다. 예수님의 이름으로 기도합니다. 아멘.

4. 당신이 그동안 믿도록 유혹받았던 거짓과 이를 반박할 수 있는 주님의 성품에 대한 진리, 그리고 주님께서 당신에게 관계하시는 방법에 대한 진리를 적어보라. 적절한 말씀을 찾기 위해 부록 1의 "나 자신에 대한 진리들"을 참고할 수 있다. 작은 카드에 써서 지니고 다니다가 냉장고나 거울 같은 잘 보이는 곳에 붙이면 한동안 기억하는 데 많은 도움이 된다. 1과(12번 질문의 거짓 – 진리 – 성경구절 표)에 적어보라.

과제

1. 주님의 성품에 대한 진리, 그리고 주님께서 당신에게 관계하시는 방법에 대한 진리를 매일 묵상해보라.
2. 본인과 그룹원들을 위한 하나님에 대한 거짓을 이기는 계속되는 승리와 자유를 위해 기도하라.
3. 다음 과를 준비한다.

6과 내 영혼의 연인

"나의 사랑하는 자가 내게 말하여 이르기를
나의 사랑, 내 어여쁜 자야 일어나서 함께 가자"(아 2:10).

시작

많은 자매님들은 한 남자가 사랑하는 여자의 마음을 사로잡기 위해 노력하는 로맨틱한 영화를 좋아한다. "당신이 사랑하는 남자"와의 "완벽한" 데이트(둘만의 특별한 시간)는 어떤 것인지 나누어보라.

[가장 친밀한 관계]

다음과 같은 관계(성경에 나오는 하나님과 우리의 관계) 가운데 떠오르는 단어들을 아래의 표에 각각 채워보라.

아버지/자녀	남편/아내	친구/친구	주인/종	양치기/양
보호자	친밀함	동반자	순종	돌봄

주님께서는 위의 관계들 중에 한 가지만을 우리와 나누시는 것이 아니라,

모든 관계를 종합하여 우리와 공유하신다. 세상의 어떤 관계도 하나님과 우리 사이의 유대관계의 친밀함을 적절히 표현하지 못한다. 그러나 주님께서는 우리에게 이런 비교 대상을 주셔서 우리가 하나님의 완전한 사랑을 이해할 수 있도록 도우신다.

1. 하나님과 우리의 관계를 더욱 온전히 이해할 수 있도록 말씀에서 나타나는 다른 비유들은 어떤 것들이 있는가?

안타깝게도, 우리는 죄성을 가진 사람들이므로 불완전한 방법으로 서로를 대하게 된다. 결과적으로, 관계들을 질적으로 손상시키고 관계에 대한 왜곡된 모습을 갖게 된다. 만약 우리가 이러한 관계의 훼손된 표상을 모델로 삼는다면, 하나님께서 비슷한 관계의 방법으로 우리에게 다가오실 때 우리는 이런 관심을 받는 것이 편하지 않을 것이다.

예를 들어, 만약 우리 부모님이 잦은 불화로 부부간의 사랑의 본을 보여주지 못했다면, 우리는 남편으로서의 하나님과 교제하는 것에 상당한 어려움을 느낄 것이다. 또한 당신이 어린 시절, 가까운 친구로부터 깊은 상처를 받은 경험이 있다면, 아마도 가까운 친구로서의 하나님께 마음을 열기가 어렵고, 방어적이 될 것이다.

2. 어떤 관계가(표와 질문 1에서) 하나님과 당신과의 관계를 가장 잘 표현하는가? 이유는 무엇인가? 어떤 관계가 하나님과 교제할 때 가장 자신과 관련이 적다고 생각하는가? 이유는 무엇인가?

어떤 자매님들은 신랑 혹은 남편으로 하나님과 교제하는 게 힘들 수 있다. 그러나 성경은 구약과 신약에서 예수님을 우리의 신랑, 남편으로 언급하고 있다. 만약 앞의 표를 본다면, 당신은 남편/아내라는 관계의 표현이 얼마나 특별한지 알 것이다. 이는 다른 관계보다 훨씬 더 친밀하며, 일치와 아름다운 화합의 개념을 포함한다. 주님은 우리를 이처럼 완벽하고, 친밀하며, 아버지, 아들, 그리고 성령이 하나가 된 사랑으로 이끄신다.

"이는 너를 지으신 이가 네 남편이시라 그의 이름은 만군의 여호와이시며 네 구속자는 이스라엘의 거룩한 이시라 그는 온 땅의 하나님이라 일컬음을 받으실 것이라"(사 54:5).

3. 하나님께서는 자신을 우리의 남편이라고 부르신다. 이를 통해 주님께서는 우리의 아버지로서의 관계와는 또 다른 관계를 우리가 어떻게 이해하기를 바라시는가?

완전한 남편의 사랑

A. 우리의 연인이 우리를 낭만적으로 만들다!

아가서는 두 가지의 목적을 가진다. 남편과 아내의 축복받은 결합을 보이기 위해 아름다운 시적(詩的)으로 씌어졌다. 그러므로 셀 수 없이 많은 결혼과 관련된 책들이 아가서를 인용하고 있다.

그러나 더 중요한 목적은, 주님께서 그의 사랑하는 신부인 교회에게 쓰시는 사랑의 편지라는 것이다. 우리가 이 말씀을 읽을 때, 우리는 하나님께서 우리를 열정적으로 사랑하시고 우리를 낭만적으로 만들기를 원하시는 모습을 볼 수 있다.

"내 누이, 내 신부야 네가 내 마음을 빼앗았구나 네 눈으로 한 번 보는 것과 네 목의 구슬 한 꿰미로 내 마음을 빼앗았구나 내 누이, 내 신부야 네 사랑이 어찌 그리 아름다운지 네 사랑은 포도주보다 진하고 네 기름의 향기는 각양 향품보다 향기롭구나"(아 4:9-10).

4. 이 말씀을 읽을 때, 이 사랑의 말씀이 당신에게 말씀하고 있는 것을 느끼는가? 그 이유를 말해보라.

5. 이 말씀을 통해 당신의 신랑이 당신에게 무엇을 말하고 있다고 생각하는가?

B. 우리의 연인이 우리를 찾는다!

"나의 사랑하는 자가 내게 말하여 이르기를 나의 사랑, 내 어여쁜 자야 일어나서 함께 가자"(아 2:10).

"…… 내가 너를 지명하여 불렀나니 너는 내 것이라"(사 43:1).

"사람들이 너를 일컬어 거룩한 백성이라 여호와께서 구속하신 자라 하겠고 또 너를 일컬어 찾은 바 된 자요 버림 받지 아니한 성읍이라 하리라"(사 62:12).

6. 이 말씀들은 우리의 연인이신 주님께서 사랑 안에 있는 우리를 어떤 방법으로 찾고 있다는 것을 보여주는가? 하나님께서 우리를 좇으시는 개념을 나타내는 어떤 단어가 사용되었는가?

위의 세 번째 구절 이사야 62:12은 거부되고 의기소침해 있는 사람들을 좇으시는 하나님의 아름다운 말씀이다. 이 예언은 하나님의 백성이 조롱당하고 그들이 하나님께 버림받고 잊혀졌다는 말을 들으며 불행한 환경 가운데 지내고 있을 때 이사야에게 주어졌다.

인생의 가장 밑바닥에서 하나님께서는 주님의 백성에게 새로운 이름인 "찾은 바 된 자"를 주시며 부드럽게 말씀하신다. 어떤 번역본에서는 "보살핌을 받는 자"라고 말하기도 한다.

하나님께서는 하나님의 백성에게 새 이름을 주셔서 주님께 다시 돌아올 수 있도록 격려하신다. 주님께서 열정적으로 그들을 찾으시고, 사랑으로 좇으시며, 모든 필요를 돌보신다. 주님께서는 우리의 다른 "연인들"(주님을 향한 관심과 헌신을 빼앗아가는 사람이나 사물)로부터 떠나 다시 주님께 돌아오도록 우리를 부르신다. 그리고 부드러움과 우리를 좇으심, 공급하심, 보살피심, 보호하심, 친밀한 사랑으로 우리를 놀라게 하신다.

7. 하나님과의 친밀한 사랑의 관계를 흐트러뜨리는 사람들이나 사물이 있는가? 이런 다른 "연인들"로는 어떤 것들이 있는지 적어보라.

"우리는 어릴 때, 누군가에게 소중한 존재가 되고 싶어 한다 – 특히 아빠에게. 우리는 점점 성장하면서 그 열망은 여자로서 누군가가 간절히 추구하던 대로, 원했던 대로 성숙해진다"(『매혹』 Stasi Eldredge 지음, 10).

8. 과거에 주님께서는 어떤 방법으로 당신을 사랑으로 찾으셨는가?

9. 현재 주님께서 당신을 어떻게 사랑으로 찾고 계시는가? 여기에 당신은 어떻게 반응하고 있는가?

C. 우리의 연인이 우리를 소중히 여기신다!

"나는 내 사랑하는 자에게 속하였도다 그가 나를 사모하는구나"(아 7:10).
"내가 붙드는 나의 종, 내 마음에 기뻐하는 자 곧 내가 택한 사람을 보라 …"(사 42:1).
"네가 내 눈에 보배롭고 존귀하며 내가 너를 사랑하였은즉 ……"(사 43:4).
"…… 신랑이 신부를 기뻐함 같이 네 하나님이 너를 기뻐하시리라"(사 62:5).

10. 위의 말씀들이 깊고 소중한 사랑을 어떻게 보여주고 있는가?

11. 우리는 누군가를 사랑한다고 이야기한다. 그러나 우리가 누군가를 "소중히 여긴다"고 말할 때 어떻게 더 깊고 더 친밀한 사랑으로 느껴지는가?

적용: 완전한 남편의 사랑을 받음

1. 때때로 우리는 우리를 낭만적으로 여기시고, 찾으시고, 소중히 여기시는 하나님을 하나님으로 보기 어려워한다. 이런 종류의 사랑을 하나님으로부터 받는 것이 어렵게 느껴지는가? 그 이유는 무엇인가?

....

....

하나님께서는 우리의 온전한 사랑을 원하신다. 하나님을 향했던 우리의 첫사랑으로부터 우리의 주의를 딴 데로 돌렸던 다른 사람들이나 사물로부터 우리가 떠나기를 기다리신다. 예를 들어, 개인적인 야망, 목표, 취미, 죄의 습관, 시간 낭비, 물질적인 것, 사역, 직업, 삶에서의 특별한 사람들이다.

그리스도께서는 에베소 교회를 훈계하신다. "또 네가 참고 내 이름을 위하여 견디고 게으르지 아니한 것을 아노라 그러나 너를 책망할 것이 있나니 너의 처음 사랑을 버렸느니라"(계 2:3-4).

때때로 우리의 열정은 매우 주목할 만하지만, 사역이 우리의 "우상"이 될 수 있으며, 하나님보다 우리에게 더 중요한 것이 될 수도 있다. 주님께 당신의 마음을 점검하여 당신이 헌신하고 있는 것들이 진정으로 하나님의 영광을 위한 것들인지 알아볼 수 있도록 기도하라. 또한 이런 것들이나 사람들에게 시간을 할애함으로써, 매일의 기도, 찬양, 말씀을 묵상하는 개인적인 헌신의 시간을 뺏기지 않도록 하라.

에베소 교회는 하나님의 영광을 위해 좋은 일들을 하고 있었지만, 하나님께서는 그들이 첫사랑을 잃어버렸기 때문에 기뻐하지 않으셨다.

2. 첫사랑이 되시는 그리스도로부터 당신의 주의를 산만하게 하는 삶속에서의 다른 "연인들"을 조용히 고백하는 시간을 잠시 갖도록 하라(질문 7 참고).

....

....

3. 말씀과 함께 주님을 남편, 신랑 그리고 우리 영혼의 연인으로 예배하는 것을 묵상하면 더 깊은 친밀감을 느낄 수 있을 것이다. 더 깊은 주님과의 시간을 위해 어떤 것을 할 수 있는가?

그리스도는 우리의 신랑이고, 우리는 그의 신부다. "우리가 즐거워하고 크게 기뻐하며 그에게 영광을 돌리세 어린 양의 혼인 기약이 이르렀고 그의 아내가 자신을 준비하였으므로 그에게 빛나고 깨끗한 세마포 옷을 입도록 허락하셨으니 이 세마포 옷은 성도들의 옳은 행실이로다"(계 19:7-8). 신랑으로서의 주님과 더욱 깊은 사랑에 빠질 때, 우리는 주님을 찬양하고 우리의 삶을 통한 방법으로 주님을 기쁘시게 하는 열망을 가질 것이다.

4. 곧 오실 어린 양과의 결혼을 우리는 어떻게 더 잘 준비할 수 있는가? 당신의 마음을 온전히 드리고 주님의 신부로서 더 잘 준비할 수 있도록 당신이 할 수 있는 일이 무엇인지 하나님께 여쭈어보라. "자신을 준비"시킬 수 있는 단계를 써보라.

과제

1. 이번 주에 배운 말씀을 묵상해보라. 주님께 신랑의 모습으로, 그리고 당신의 영혼의 연인으로 나타나 주시기를 기도하라.
2. 다음 과를 준비한다.

7과 내 영혼의 만족자

"골수와 기름진 것을 먹음과 같이 나의 영혼이 만족할 것이라
나의 입이 기쁜 입술로 주를 찬송하되"(시 63:5).

시작

모든 사람들은 각자 음식, 취미, TV 프로그램, 옷, 스포츠 등 각자가 선호하는 것이 있다. 이것들을 경험할 때, 우리는 만족감을 느낀다. 당신에게는 어떤 것들이 즐거움과 만족을 가져다 주는가?

....

....

주님 안에서만의 만족

예수님께서는 우리가 "생명을 얻게 하고 더 풍성히 얻게 하려고"(요 10:10) 오셨다고 말씀하신다. 킹 제임스 성경에서는 예수님께서 우리의 삶이 "더욱 풍성하게" 하기 위해 오셨다고 말씀하신다. NLT 성경에는 "나의 목적은 그들에게 풍성하고 만족스러운 삶을 주는 것이다"라고 되어 있다.

"풍성하게"라는 단어는 "프리소스"(psrissos)라는 그리스어에서 온 말인데 "어느 정도의 숫자, 단위, 필요를 초과하고, 비범한, 평범하지 않은, 더욱 놀라운, 더욱 훌륭한, 차고 넘치는, 필요보다 많은"(스트롱의 용어색인)의 뜻을 가진다.

그리스도께서는 우리에게 매우 만족된 삶을 주셔서 다른 사람들에게 이것이 놀랍게 보이기를 원하신다. 이 땅에 오신 그분의 뜻은 기본적인 욕구를 채우는 것을 훨씬 넘어서서 우리의 영혼을 고차원적인 만족감으로 채우는 하나님과의 관계를 우리에게 주시는 것이다.

그런데 불행히도 우리 중에 많은 사람들은 "놀라운", "풍성한", "만족스럽다"고 할 만한 삶을 살고 있지 못하다.

1. 풍성하고 만족스러운 삶을 경험하고 있지 못하는 성도들이 있다면, 그 이유는 무엇이라고 생각하는가?

2. 하나님에 의해 진실로 만족된다는 의미는 무엇이라고 생각하는가? 하나님 한 분만으로 온전히 만족하는 사람의 삶은 어떤 모습이라고 생각하는가?

3. 시편 62:5-8, 63:1-8을 읽어보라. 이 말씀을 바탕으로 다윗과 하나님과의 관계에 대하여 설명해보라.

"하나님의 형상을 가진 자로서 우리 영혼의 가장 깊은 목마름과 격렬한 배고픔은 주님 안에서 기뻐하는 것이다. 우리는 주님의 기쁨을 아는 만큼 주님을 기뻐한다"(*Objects of His Affection*, Scotty Smith, 69).

시편 63:1에는 다윗이 그의 영혼이 주를 갈망하며, 그의 육체가 주를 앙모한다고 말하고 있다. 작가이며, 목회자인 스카티 스미스(Scotty Smith)에 따르면, 이 갈망은 하나님께서 우리 안에서 기뻐하심을 우리가 경험한 후에 나타나는 결과이다.

다윗은 하나님의 사랑과 깊게 교제하고 있었다. 다윗은 성소에서 하나님의 권능을 경험하였지만, 하나님의 사랑과 그의 안에서 기뻐하심 또한 깊이 알고 있었다(시 62:12).

4. 시편 65:3에서, 다윗은 주님 안에서 깊은 만족을 경험하고 있다. 주님과 함께 동행하며 사는 삶을 "가장 기름진 음식"으로 여겨 만족하며 사는 사람을 어떻게 생각하는가?

하나님이 우리 영혼의 만족자가 되기를 원하신다고 해서 우리에게 사람이 필요하지 않다는 의미는 아니다. 하나님께서는 그리스도의 몸을 종종 사용하셔서 우리를 주관하시고 이런 갈급함을 채워주신다.

그러나 이러한 갈급함이 어떻게 그리고 누구에 의해서 채워질 것인가는 우리에게 달려있는 것이 아니다. 우리는 우리의 영혼의 만족자이신 하나님께 가장 먼저 달려가야 한다. 인간은 인간에게 너무 빨리 달려가거나, 그렇지 않으면 어느 누구와도 관계하고 싶지 않아 홀로 떨어지려는 성향을 갖고 있어서 주님께서 우리의 삶에 그리스도의 몸으로 사용하실 수 없도록 하기도 한다(Joyce Meyer).

5. 당신은 어느 쪽에 더 가까운가?

갈급하도록 창조됨

말씀에 다윗도 역시 하나님을 갈급해 한다고 말한다. 우리는 많은 다양한 갈급함을 가지고 태어났으며, 그것들은 우리가 하나님과 친밀한 관계를 형성하도록, 그리고 우리의 삶에 있어서 주님이 그 뜻을 이루시도록 우리를 움직일 수 있게 주어진 것이다.

갈급함의 예로는, 사랑받기 원함, 소속감, 안정감, 중요함, 이해받고 싶음, 예배의 갈급함 등이 있다.

6. 당신이 느끼는 채워지지 않는 갈급함은 어떤 것들이 있는가? 이렇게 채워지지 않는 갈급함의 결과로 인해 어떤 느낌이 드는가?

당신의 영혼의 만족자

"오호라 너희 모든 목마른 자들아 물로 나아오라 돈 없는 자도 오라 너희는 와서 사 먹되 돈 없이, 값 없이 와서 포도주와 젖을 사라 너희가 어찌하여 양식이 아닌 것을 위하여 은을 달아 주며 배부르게 하지 못할 것을 위하여 수고하느냐 내게 듣고 들을지어다 그리하면 너희가 좋은 것을 먹을 것이며 너희 자신들이 기름진 것으로 즐거움을 얻으리라 너희는 귀를 기울이고 내게로 나아와 들으라 그리하면 너희의 영혼이 살리라 ……"(사 55:1-3).

7. 이사야 55:1–3 말씀이 개인적으로 어떻게 다가오는가?

8. 바울의 "스스로 만족하는 비결"이 무엇이라고 생각하는가? 빌립보서 4:13은 "비결"의 실마리를 어느 정도 제공한다.

바울의 만족은 주변 상황에 의존하지 않는다. 바울은 엄청나게 힘든 시기를 보냈음에도 기쁨을 잃지 않았다. 고린도후서 11:23-28에서 사람이 견딜 수 있는 그 이상의 고난과 압박을 볼 수 있지만, 바울은 그때에도 "만족했다"고 말한다.

바울의 또 다른 만족의 비결이 빌립보서 전체에 나와 있다. 그는 계속하여 감사하였고, 삶의 어떤 일이라도 기뻐했다(빌 4:4-7). 기뻐하는 행동은 우리에게 안전이라고 말한다(빌 3:1).

바울은 삶의 모든 것을 하나님께 바쳤고, 모든 인간적인 부유함, 성취, 지위, 이익을 그리스도를 아는 것에 비교하면 쓰레기라고 여겼다(빌 3:7-11). 그는 자신의 개인적인 이익이 아닌, 하나님의 영광만을 위해 살았다. 바울은 "하나님을 떠나서는 아무것도 할 수 없음"을 알았다(요 15:5).

9. 골로새서 3:1-17을 읽으라. 하나님께 어떻게 당신의 마음을 땅의 것이 아닌, 하늘의 것으로 채울 수 있는지 보여달라고 기도하라. 어떤 마음이 생기는가?

예배를 위해 창조됨

매일 하나님과 교제하는 시간을 갖는 것은 절대적으로 필요하다. 다른 모든 관계에서처럼 우리의 영혼의 만족자와 교제할 수 있는 방법도 매우 다양하게 있다. 기도(개인적인 생각들을 하나님과 말이나 일기로 표현, 혹은 하나님의 음성을 듣고 기다림), 말씀 읽기와 묵상, 예배(말과 음악, 묵상으로 찬양하기)는 주님과 자주 연결될 수 있는 방법들이다.

이것은 사랑의 관계이지, 의무가 아님을 기억하라. 공허하고 메마른 종교의식이나 의무라고 생각하지 않도록 주의하라. 또한 주님과의 의사소통이 "일방통행"이 되지 않도록 하라. 하나님께서 당신에게 말씀, 묵상을 통해서 말씀하실 수 있도록 시간을 갖고 귀를 기울이라. 금식이나 성경 암송도 성령님께서 당신의 마음에 말씀하실 수 있게 하는 또 다른 도움이 되는 방법이다.

10. 주님과 더욱 친밀한 관계를 경험할 수 있도록 도와주는 당신만의 방법은 무엇인가?

....

....

다윗은 "내가 주의 권능과 영광을 보기 위하여 이와 같이 성소에서 주를 바라보았나이다"라고 말했다(시 63:2). 모세는 하나님의 영광을 보기를 청한다(출 33:18). 바울은 또한 주님의 영광을 우리가 반영하는 것에 대해 말한다. "우리가 다 수건을 벗은 얼굴로 거울을 보는 것 같이 주의 영광을 보매 그와 같은 형상으로 변화하여 영광에서 영광에 이르니 곧 주의 영으로 말미암음이니라"(고후 3:18).

11. 하나님의 영광이란 무엇인가?

....

....

우리가 주님의 임재 안에서 매일의 시간을 보내고, 주의 영에 의해 매일 채워짐에 따라, 주님의 영광은 우리의 삶을 통해 빛나기 시작한다. 이것의 결과는 다른 이들이 이렇게 놀라우신 주님, 우리 영혼의 만족자를 알기 원해 이끌리게 되는 것이다. 우리의 왕에 대해 다른 이들에게 말할 기회가 점점 열리는 것이다.

우리는 하나님께 영광을 돌리기 위해 창조되었다. “내 이름으로 불려지는 모든 자 곧 내가 내 영광을 위하여 창조한 자를 오게 하라 그를 내가 지었고 그를 내가 만들었느니라”(사 43:7).

우리의 다양한 시련은 하나님에 의해서 우리가 정제되고 새로워지는 데 사용되고 있다. 우리가 인내하고 계속하여 모든 상황에 대해 하나님께 감사하고 찬양함에 따라(빌 4:6) 하나님께서는 영광받으시고 찬양받으시며, 우리는 영생의 보답을 받고 있다. “그러므로 우리가 낙심하지 아니하노니 우리의 겉사람은 낡아지나 우리의 속사람은 날로 새로워지도다 우리가 잠시 받는 환난의 경한 것이 지극히 크고 영원한 영광의 중한 것을 우리에게 이루게 함이니”(고후 4:16–17).

하나님은 우리의 주인이고 왕이시므로 우리의 예배를 받으실 분이시다. 비록 우리는 우리의 기쁨이 아닌, 주님의 영광을 위해 여기에 있지만, 주님께서는 그분의 은혜와 사랑 안에서 서로 만족하는 사랑의 관계로 우리를 축복하기 원하신다.

하나님께서는 우리가 매일 하나님과 만날 수 있는 시간을 드릴 때에만 우리를 채우신다. 매일의 감사와 주님의 성품을 찬양, 예배와 찬송을 듣고 우리의 필요와 다른 이들을 위해 기도하는 것, 하나님의 말씀 안에서 시간 보내기를 통해 우리는 하나님과의 관계가 더욱 친밀해지는 것을 발견할 수 있을 것이다.

그러나 하나님께서는 우리의 사랑을 위해 “경쟁”하지 않으실 것이다. 하나님께서는 우리가 모든 다른 “우상들”과 삶의 “연인들”을 내려놓기를 요구하시며, 그런 후 주님께서는 우리의 친밀한 연인이자 우리 영의 만족자가 되실 것이다.

적용

1. 이러한 갈급함을 채우기 위해 하나님이 아닌, 다른 것들에 기대려고 했던 경험이 있다면 적어보라.

당신의 갈급함을 채우려고 하나님이 아닌, 다른 것들에 기대려고 했던 경험을 회개하라. 이러한 갈급함을 주님께서 채워주시도록 간절히 소리내어 기도하라. 주님께서 당신에게 더욱 새롭고 친밀한 방법으로 가까이 오시도록 기도해보라.

이러한 것들을 하나님을 위해 기꺼이 포기하려고 할 때, 주님과의 관계가 더욱 깊어지는 것을 발견할 수 있을 것이다. 원한다면, 다음의 순복의 기도를 사용하거나, 이와 비슷한 기도를 할 수 있다.

순복의 기도(부록: 기도문 6)

주님, 내 영혼의 연인이시고 만족자가 되어 주셔서 감사합니다. 삶에 충만함을 가져오기 위해 ______________ (당신의 영혼을 만족하기 위해 하나님 이외에 사용해왔던 사물이나 사람)을 바라본 것을 용서하여 주십시오. 나는 삶의 모든 이런 "우상"을 포기하고, 깊은 즐거움과 지속되는 만족을 주실 수 있는 오직 한 분으로서 주님을 인식합니다. 내 갈망의 대상(하나님께서 채워주시길 갈망하는 것들을 언급)에 대해 주님을 신뢰할 수 있는 더 깊은 믿음으로 채워주십시오. 주님을 향한 나의 찬양, 사랑, 의존이 어떻게 더욱 깊어질 수 있을지 보여주십시오. 예수님의 이름으로 기도합니다. 아멘.

2. 주님께서 당신에게 원하시는 주님과의 관계를 더욱 깊게 할 수 있도록 하는 다음 단계는 어떤 것들이 있는지 적어보라.

3. 당신의 영혼의 갈급함에 대하여 나눌 때, 더욱 신뢰하고 솔직하게 대할 수 있는 사람이 있는가? 그 이름을 적고, 이번 주에 대화를 나누어보라.

과제

1. 한 주간 동안 당신의 새로운 "믿음의 단계"(적용 2번)를 연습하라.
2. 다음 과를 준비한다.

8과

승전을 위한 준비

"근신하라 깨어라
너희 대적 마귀가 우는 사자 같이 두루 다니며 삼킬 자를 찾나니
너희는 믿음을 굳건하게 하여 그를 대적하라 ……"(벧전 5:8-9).

시작

동물원에서 사자를 본 적이 있는가? 사자를 볼 때(아니면, 사자가 당신을 볼 때) 어떤 기분이 들었는가?

....

....

삶은 끊임없이 좋은 일들과 나쁜 일들이 계속된다. 어떤 날은 기쁨, 웃음, 행복으로 가득 차고, 어떤 날은 슬픔, 후회, 상실로 가득찬다. 우리의 환경과 인간 관계는 우리의 육체적, 감정적, 영적인 상태에 영향을 준다. 이것들은 모두 육적인 범위의 것들이다.

그러나 종종 우리는 우리의 일상 생활에 직접적으로 영향을 끼치는 영적인 세계의 힘이 존재한다는 것을 깨닫지 못한다. 사도 바울은 "마귀의 간계를 능히 대적하기 위하여 하나님의 전신갑주를 입으라 우리의 씨름은 혈과 육을 상대하는 것이 아니요 통치자들과 권세들과 이 어둠의 세상 주관자들과 하늘에 있는 악의 영들을 상대함이라"(엡 6:11-12)라고 명백히 말한다.

영적 전쟁

"뱀이 그 간계로 하와를 미혹한 것 같이 너희 마음이 그리스도를 향하는 진실함과 깨끗함에서 떠나 부패할까 두려워하노라"(고후 11:3).

앞의 세 곳 말씀에서(벧전 5:8-9, 엡 6:11-12, 고후 11:3) 사단과 사단의 추종자들은 우리의 "대적", "우는 사자", "마귀", "어둠의 세상 주관자, 통치자, 권세들", "악의 영들", "뱀"이라고 불린다.

1. 이 말씀들은 어떤 방법으로 우리가 대적으로부터 영향을 받는다고 말하고 있는가?

....

....

하나님의 말씀에는 사단을 묘사하는 많은 이름들이 나온다.

미혹자(계 12:9, 고후 11:3), 거짓말쟁이(요 8:44), 시험하는 자(마 4:3, 살전 3:5), 형제들을 참소하던 자(계 12:10), 누르는 자(행 10:38), 사로잡는 자(딤후 2:26), 살인한 자(요 8:44), 원수(마 13:39), 악한 자(마 13:19, 38, 요일 2:13; 3:12; 5:18), 대적(벧전 5:8), 공중의 권세 잡은 자(엡 2:2), 큰 용(계 12:3), 죄짓는 자(요일 3:8), 바알세불(마 12:24, 막 3:22, 눅 11:15, 19), 벨리알(고후 6:15), 중상하는 자의 의미인 마귀(행 10:38, 눅 13:16, 계 12:9).

2. 사단의 이름들을 바탕으로, 사단이 우리를 공격하는 방법에는 어떤 것들이 있는가?

....

....

3. 당신 주위에 이러한 어둠의 세력이 있다는 사실을 얼마나 자주 인식하는가?

4. “우리는 마귀를 물리칠 수 있다”는 말을 당신은 어떻게 생각하는가?

하나님의 전신갑주

에베소서 6:10의 하나님의 전신갑주에 대한 말씀에서 바울은 “너희가 주 안에서와 그 힘의 능력으로 강건하여지고”라고 우리에게 말한다. 우리의 힘만으로는 마귀의 간계에 대항하여 싸울 수 없다. 우리는 매일 성령의 권세와 “마귀의 간계를 능히 대적하기 위하여”(11절)라는 말씀에 의지할 필요가 있다.

이 말씀에는 동사가 많이 있음을 주목하라: 강건해지라, 입으라, 대적하라, 굳건히 서라, 들어라, 기도하라, 깨어 구하라.

원수들에 대항하고 싸울 수 있게 하는, 우리가 할 수 있는 많은 일이 있다. 이것들은 강한 표현들이고, 우리가 아무 일도 안 하고 앉아서 원수가 우리를 괴롭히지 않기를 바라지 않도록 우리를 격려한다.

우리 중에 어떤 사람들은 그리스도인으로서 악한 것을 생각할 필요가 없다고 생각한다. 이 말씀들과 더 많은 말씀은 직접적으로 믿는 자들을 위한 것이다. 바울은 원수의 공격에 대해 우리에게 경고하며, 주님의 권세 안에서 대항하고 싸우기를 촉구한다. 우리는 주님 안에서 강해지기 위해 하나님의 전신갑주를 입을 것을 당부받는다. 이 전신갑주는 처음에는 몇 가지의 방어적인 무기를 포함하고, 그 후에는 공격적인 무기로 끝난다.

5. 방어적인 무기는 어떤 것이고, 공격적인 무기는 어떤 것인지 나열해 보라.

....

....

6. 이러한 다양한 전신갑주의 각 부분들의 의미가 무엇인지, 그리고 그것들이 어떻게 우리를 보호하는지 논의해보라.

....

....

7. 재정적, 인간관계적, 상황적, 건강, 기분, 영적 등 삶의 여러 어려움을 생각해볼 때 당신의 영적 싸움에 이 문제들 중 얼마나 많은 문제들이 연결되어 있다고 생각하는가?

....

....

마귀는 거짓과 속삭임을 통해 우리를 풀이 죽게 만들고, 두려움에 쌓이게 하고, 죄 짓도록 유혹하고, 하나님의 성품을 의심하도록 한다. 사단 마귀는 우리를 죄의 길로 유혹한다. 우리의 자신감을 훼손시키고, 우리의 관계를 망치고, 기쁨을 없애버리고, 주님께 대한 예배를 약탈한다. 그리고 하나님을 섬기는 데 있어서 우리를 무기력하게 만든다.

그러나 궁극적으로, 하나님께서 원수를 다스리시고 하나님의 허락 없이는 그들이 아무것도 할 수 없다는 것(욥 1:6-12)을 우리는 항상 기억해야 한다. 하나님께서는 모든 것이 합력하여 선을 이루시도록(롬 8:28) 하신다. 심지어 여러 어려움들과 원수의 공격까지지도 사용하신다.

우리는 원수를 무서워할 필요가 없다. 이것이 왜 바울이 "굳건히 서라" 그리고 "주님과 그의 전능한 권세 안에서 강해지라"고 말하는 이유이다.

하나님께서는 우리를 보호하실 것이지만, 우리는 악한 자에게 맞서 주님의 이름을 외칠 필요가 있다. 하나님께서는 우리에게 주님의 이름으로 귀신을 쫓아낼 수 있는 권능을 주셨다(막 16:17). 이는 모든 믿는 자가 그리스도와 성령님 안에서 권위와 권세를 가지기 때문이어서, 바울은 디모데에게 두려워하지 말라고 촉구하였다.

> "하나님이 우리에게 주신 것은 두려워하는 마음이 아니요 오직 능력과 사랑과 절제하는 마음이니"(딤후 1:7).

틈과 견고한 진

1. 틈

> "분을 내어도 죄를 짓지 말며 해가 지도록 분을 품지 말고 마귀에게 틈을 주지 말라"(엡 4:26-27).

분노가 죄는 아니지만, 죄가 될 수 있는 것을 표현하고 있다. 분노가 통제되지 않거나, 다른 사람을 조종하고 통제하는데 쓰일 때(육체적인 폭력, 폭력의 협박, 언어 폭력) 죄가 된다.

우리는 모두 때때로 화가 날 수 있다. 그러나 분노를 통해 다른 사람들을 상처주지 않도록 자기 통제를 위해 기도하고 성령님께 간구하여야 한다. 에베소서 4:29은 다른 사람을 향한 우리의 말이 주님께서 허용할 수 있는 것인지를 결정할 수 있는 분명한 원칙을 제시한다. "무릇 더러운 말은 너희 입 밖에도 내지 말고 오직 덕을 세우는 데 소용되는 대로 선한 말을 하여 듣는 자들에게 은혜를 끼치게 하라."

주님께서는 분노가 쓴뿌리가 되지 않도록, 우리가 화난 상태로 머물지 않도록 격려하신다. 하나님께서는 우리가 주님, 그리고 다른 사람과의 교제 가운데 분노를 잘 다스리기를 원하신다.

만약 우리가 분노를 다스리지 못한다면 그것이 우리 마음에 남아 틈이 될 것이다. “틈”은 어떤 기반을 제공한다. 사단에게 기회를 주는 것이다. 파괴적인 생각과 유혹으로 우리를 공격하도록 허락하는 것이다. 틈은 분노의 결과뿐만이 아니라, 우리 마음속에 고백하지 않은 죄를 숨길 때의 결과로도 나타난다.

8. 분노나 고백하지 않은 죄가 우리의 삶에서 사단이 일할 수 있도록 어떠한 기회를 주고 있는가?

2. 견고한 진

“우리의 싸우는 무기는 육신에 속한 것이 아니요 오직 어떤 견고한 진도 무너뜨리는 하나님의 능력이라 ……”(고후 10:4).

사단의 “견고한 진”은 삶 가운데 사단의 추종자들이 계속해서 우리 안에 존재할 수 있도록 접근 기반을 주는 것이다. 그들은 우리 곁에서 우리를 짓누른다. 그들은 우리의 삶에서 더욱 큰 힘을 발휘할 수 있기 때문에 평상시 우리에게 닥치는 평범한 거짓말, 유혹, 어려움보다 제거하기가 더 어렵다.

견고한 진은 여러 가지 방법으로 전개될 수 있다.

1. 우리가 어느 한 부분에서 계속적으로 죄를 짓고 고백하지 않을 때, 그리하여 그것이 우리의 습관이 되어 우리의 생각과 행동을 좌지우지할 때이다. 이는 또한 만약 우리가 계속하여 하나님의 말씀과 반대되는 거짓을 믿기를 선택하거나, 죄를 고백하지 않을 경우에 나타날 수 있다.

2. 견고한 진은 한 세대에서 다음 세대로 전해질 수 있다. 이런 경우에 당신은 세대에 걸쳐 계속하여 반복되는 같은 죄를 발견하게 될 것이다.
3. 만약 우리가 지금까지 마약, 미신, 우상숭배, 낙태, 성적인 죄, 남용 등에 연루되었다면, 그것은 견고한 진을 이루도록 마귀에게 문을 활짝 열어주는 것이다.

■ **사단의 견고한 진의 다른 형태들:** 질투, 이기심, 불화, 증오, 중독, 신랄함, 분노, 용서하지 않음, 자만, 정욕, 더러운 생각, 부도덕, 우상숭배, 두려움, 불안함, 근심, 특정한 것에 대한 중독(음식, 마약, 술), 동성애, 방탕함, 섭식장애, 포르노.

만약 당신이 알고 있는 모든 죄를 고백했음에도, 계속해서 진리 안에 마음이 새롭게 되었음에도, 기도를 했음에도, 현명한 친구, 인도자, 목사, 상담자에게 도움을 구했음에도, 신체적인 병과 관련이 없음을 확인했음에도 아직도 어려움을 겪고 있다면 이는 악의 영들과 관련이 있는 것(엡 6:12)이 가능하다.

악의 영들은 우리 주위를 맴돌 수 있는 권세나 허락을 받은 것처럼 보인다. 심지어 우리가 조용한 시간을 보내거나, 교제를 하거나, 성령님이 함께 해달라고 간구할 때, 성경말씀을 외우고 묵상할 때도 이러한 어두움의 세상 주관자들은 아마 없어지지 않을지도 모른다.

그러나 그들은 우리가 예수 그리스도의 권세로 맞서고, 꾸짖고, 가라고 명령할 때 반드시 떠나게 된다. 이것들로부터 자유롭게 될 수 있는 핵심이 바로 "기도"이다.

앞의 고린도후서 10:4에서 주님께서는 우리의 무기가 견고한 진을 무너뜨릴 수 있는 신성한 권세가 있다고 말씀하신다. 기도, 말씀, 성령님은 우리의 전쟁 무기이다.

적용

1. 당신의 삶 가운데 견고한 진에 묶여있는 부분이 있는가? 그것은 어디서부터 시작되었다고 생각하는가? (이것이 처음 시작되었을 때 몇 살이었는가?) 이 견고한 진이 시작되었을 때 당신의 삶에서 어떤 일들이 일어나고 있었는가?

과제

1. 한 주간 동안 적의 간계에 대적할 수 있도록 서로를 위해 기도하라. 거짓과 유혹에 대항하여 굳건히 설 수 있도록 각자를 위해 기도하라. 하나님께서 각 그룹원들이 다음 과를 공부하는 동안의 강력한 기도시간을 위해 한 주간 동안 각 그룹원들을 보호하고 준비시키도록 기도하라.
2. 다음 과를 준비한다. 주님께 거짓, 틈, 견고한 진을 밝히는 것을 도와달라고 기도하고 간구하는 시간을 가지라.

9과 전쟁에서 이기다!

"우리의 싸우는 무기는 육신에 속한 것이 아니요
오직 어떤 견고한 진도 무너뜨리는 하나님의 능력이라 ……"(고후 10:4).

시작

8과에서의 내용 중에 도움이 된 것이 있다면 어떤 것이 있는가?

....

....

많은 자매들이 전쟁과 싸움에 대한 주제는 러브스토리가 있지 않는 한 특별히 흥미롭게 생각하지 않는다! 그러나 좋든지 싫든지 간에 우리는 전투 중에 있다. 우리가 이미 전쟁에서 이겼음을 확실히 알고 있지만, 매일의 전투는 지치게도 하고, 그 과정에서 어려움을 느낄 수도 있다.

원수를 물리치기 위해 효과적으로 기도하는 방법을 배우는 것은 매우 중요하다. 이번 과에서는 악한 자를 물리치는 기도를 통해 "전투하는 법"을 단계적으로 배울 것이다.

전투에서의 승리: 마귀의 영향에서 벗어나기

많은 경우, 죄악의 행동 혹은 방어적인 행동들은 우리의 마음에 속박으로 매어 있다. 우리가 이것들을 고백하고 회개하지 않는 한, 악한 자는 다시 돌아올 입구를 찾아서 더욱 더 강한 힘을 가지고 돌아올 것이다.

> "더러운 귀신이 사람에게서 나갔을 때에 물 없는 곳으로 다니며 쉬기를 구하되 얻지 못하고 이에 이르되 내가 나온 내 집으로 돌아가리라 하고 가서 보니 그 집이 청소되고 수리되었거늘 이에 가서 저보다 더 악한 귀신 일곱을 데리고 들어가서 거하니 그 사람의 나중 형편이 전보다 더 심하게 되느니라"(눅 11:24-26).

집이 "청소되고 수리되었다"는 뜻은 마귀의 힘이 몰아내졌지만, 계속적인 죄는 마귀가 사람의 삶으로 다시 들어오는 것을 허락한다.

8과에서 **언급되었던 사단의 견고한 진의 다른 형태들:** 불화, 질투, 이기심, 불만족, 파벌싸움, 신랄함, 풀리지 않은 분노, 용서하지 않음, 자만, 정욕, 더러운 생각, 부도덕, 우상숭배, 공포, 불안, 걱정, 중독(음식, 마약, 술), 동성애, 방탕함, 수음, 섭식장애, 포르노.

각각의 견고한 진에 붙은 영들이 있지만, 우리는 각자 동반하는 죄를 고백하고 회개할 책임이 있다.

1. 주님 앞에 고백해야 할 속박된 죄가 있는지 주님께 묻고 기도하라. 이것은 영적으로 견고한 진에서 벗어나기 위한 기도 이전에 준비해야 할 꼭 필요한 단계이다.

2. 기도함으로 벗어나고 싶은 거짓과 견고한 진을 적어보라. 견고한 진은 거짓, 건강 문제, 두려움, 감정적인 어려움, 하나님 혹은 말씀에 대한 의심, 회복될 것처럼 보이지 않는 관계의 어려움 등의 형태로 나타날 수 있다. 개인적으로 몇 분 동안 당신의 삶에 견고한 진이나 거짓이 있는지 성령님께 이를 드러내주시도록 기도하는 시간을 가지라. 자유함과 치유가 필요한 부분이 있는지 성령님께 물어보라. 또한 억압적인 영들이 삶에 영향을 끼치기 시작했을 때를 드러내달라고 주님께 간구할 수 있다. 몇 살 때 이러한

일들이 있었는가? 당시의 삶에 어떤 일들이 일어나고 있었는가?

....

....

자매님들에게 이 견고한 진들이 시작된 계기와 때를 드러내달라고 개인적으로 간구하도록 하라. 이 영들이 자매님들의 마음과 정신에 언제, 어떻게 접근하게 되었는지를 아는 것이 절대적으로 필요한 것은 아니지만, 영적 전쟁 기도를 하면서 치유를 받는 데 있어서 이 시작 시점을 밝히는 것이 매우 강력할 수 있다.

적용: 영적 전쟁에 대한 기도

다음은 당신의 삶에서 거짓이나 견고한 진을 제거하기 위해 제시된 기도 방법이다. 견고한 진인지 아닌지 확실치 않다면 영적 존재의 여부를 막론하고 매번 영적 전쟁에 대한 기도를 하는 것이 도움이 될 것이다.

다음은 자유함을 위한 강력한 승리의 기도에 적용할 수 있는 몇 가지의 원칙들이다. 자신과 다른 사람들이 질문 2에서 나열했던 거짓과 견고한 진에서 벗어나도록 하는 다음의 기도 안내를 따르라.

1. 만약 견고한 진이 그렇게 강하지 않다면 혼자 기도해도 악의 존재는 반드시 떠나게 된다. 그러나 어떤 경우에는 당신이 자유를 경험하기 위해서, 다른 사람에게 기도를 부탁해야 할 필요가 있다(엡 6:18, 행 5:16 참고).
2. 당신이 기도해주는 자매가 틈과 견고한 진이 생길 수 있는 모든 죄들을 확실히 회개하였는지 확인해야 한다. 아직도 죄 가운데 살고 있다면 더욱 큰 힘을 가진 악한 영들이 다시 들어오기 때문에 다시는 죄가 들어오지 못하도록 자매가 책임감을 가지고 막도록 해야 한다(눅 11:24-26 참고).

3. 찬양으로 기도를 시작하라. 하나님의 성품을 기억하라.
4. 기도할 때 보호해 달라고, 그리고 방해받지 않도록 간구하라.
5. 어둠의 세력에 맞서는 권세로 기도하라. 그리스도께서 주신 권세로 확신과 믿음으로 기도하라(마 28:18, 눅 9:37-41; 10:19, 막 16:17a 참고).
6. 그리스도 안에 있는 당신의 위치를 확인하라(엡 1:3-14; 18-23, 벧전 2:9 참고).
7. 인내와 담대함으로 기도하라. 두려워 말고 싸우라! 성령님을 의지하고 인도함을 받으며, 계속하여 기도하고, 평강, 치유 혹은 자유가 있을 때까지 기다리며 응답을 들으라. 기도를 더 하라!
8. 주님께 직접 기도하고, 소리 내어 말로 기도하라(마 16:23 참고).
9. 주님이 십자가에서 흘리신 피로 인해 예수님의 이름으로 기도하라(눅 9:49-50; 10:17 참고).
10. 성경에 따라 기도하라. 성경 말씀을 가능한 많이 사용하여 기도하라(눅 4:2-12 참고).
11. 악한 영을 대적하며, 그가 하는 모든 일과 그 세력을 묶는 기도를 하라(마 16:19).
12. 구체적으로 기도하라. 우리는 예수님의 이름으로 특정한 영이 떠나도록 명령할 수 있다. 속박으로 생각되는 감정, 거짓, 행동을 찾아서 각 영에게 이름을 붙이라(예: 두려움의 영, 교만의 영, 분노의 영, 자기혐오의 영, 수치심의 영, 거절의 영, 욕정의 영). 부록에 나온 '고백하고 포기하는 기도'나 유사한 기도를 사용할 수 있다.
13. 기도를 받고 있는 자매 또한 예수님의 이름으로 악한 세력이 물러가도록 소리 내어 명령해야 한다.
14. 기도해 주는 사람과 그의 가족, 그리고 같이 있는 기도 대원들도 악의 공격으로부터 보호받을 수 있도록 기도하라.

15. 찬양으로 기도를 마치라. 어둠의 세력을 물리친 하나님의 승리를 확신하는 믿음의 찬양을 부르며 마무리하라(눅 9:43).

16. 사단의 견고한 진은 이제 물러갔다. 기도하기 전에 있었던 자매의 죄는 더 이상 힘이 없다. 자매에게 영향을 주지 못한다. 그러나 악한 마귀는 재빨리(몇 일 안에) 자매가 다시 죄를 짓도록 유혹할 것이고, 아직 자유롭지 못하다고 속삭일 것이다. 그러므로 자매는 원수의 공격으로부터 보호를 받기 위해 주님의 전신갑주를 입고 자유함을 선포하는 삶을 살아야 한다(엡 6:13-20 참고).

고백하고 포기하는 기도(부록: 기도문 4)

예수님의 이름으로 나는 내가 믿었던 내 자신에 대한 이름인 ___________(예: 쓸모없는, 가치 없는)을 거절합니다. 예수님의 이름으로 명하노니 ___________(예: 엄마 뱃속에서부터 생긴 두려움, 초등학교 때 생긴 열등감)을 믿게 한 악한 영은 떠나갈지어다!(평강과 확신이 올 때까지 계속 외친다.) 나는 내가 이 이름을 받아들였을 때 사단이 얻었을지도 모르는 어떠한 근거도 철회합니다.

그리고 나는 ___________(예: 보배로운 보석, 왕 같은 제사장, 거룩한 백성, 가치 있는 자, 아름다운 관, 주님의 기쁨, 예수님의 신부, 영광스러운 자, 주님의 귀한 자녀, 소중한 자, 선택된 자)라는 주님이 내게 주신 의로운 이름을 믿습니다. 예수님의 이름으로 자유를 선포합니다. 예수님의 이름으로 기도합니다. 아멘.

우리가 그동안 믿어왔던 거짓과 싸우기 위해서는 매일 말씀으로 우리의 마음을 새롭게 하는 것이 필수적이다. 우리는 또한 그동안 묶고 있던 견고한 진의 결과인 우리 삶에서의 죄악된 행동으로 다시는 돌아가지 않도록 책임을 갖고 노력해야 한다. 영적 전쟁의 기도는 놀랍게도 자유와 해방을 우리 삶에 가져다 준다.

그러나 우리는 날마다 말씀으로 마음을 새롭게 하고, 성령님의 능력을 의지하여 죄의 유혹을 뿌리치고, 죄를 회개해야 한다. 이렇게 함으로 원수들은 우리 삶에서 또 다른 죄의 틈을 갖지 못할 것이다.

"진리를 알지니 진리가 너희를 자유롭게 하리라"(요 8:32).

과제

1. 당신 안에 있었던 거짓과 틈, 견고한 진에 직접적으로 대적할 수 있는 하나님 말씀을 매일 묵상하라. 적절한 말씀을 찾는 데 도움이 되는 부록 1의 "나 자신에 대한 진리들"을 참고하라.
2. 만약 9과 중 기도하는 시간에 어떤 고통스러운 경험에 대한 이야기가 나온다면, 기도해줄 수 있는 일대일 파트너나 상담을 원할 지도 모른다. 학대(육체적, 성적, 언어적, 감정적, 방관적), 낙태, 부모를 잃음 등의 충격적인 과거의 경험들의 경우는 상담을 받거나 더욱 강한 기도를 할 시간을 더 길게 갖는 것이 도움이 될 수 있다.
3. 이번 한 주간 동안 원수의 공격에 대적할 수 있도록 각자를 위해 서로 기도하라. 거짓과 유혹에 담대히 맞설 수 있도록 서로를 위해서 기도하라.
4. 다음 과를 준비한다.

10과 여우를 잡으라

"바위 틈 낭떠러지 은밀한 곳에 있는 나의 비둘기야 내가 네 얼굴을 보게 하라
네 소리를 듣게 하라 네 소리는 부드럽고 네 얼굴은 아름답구나
우리를 위하여 여우 곧 포도원을 허는 작은 여우를 잡으라
우리의 포도원에 꽃이 피었음이라"(아 2:14-15).

시작

어렸을 때 집 밖에 있던 유해동물을 본 적이 있는가? 그 동물이 어떤 피해를 주었는가? 쫓아버릴 수 있었는가? 어떤 방법으로 쫓아버렸는가? 개인적으로 이에 대해서 어떤 느낌을 가지고 있는가?

포도원의 여우

"바위 틈 낭떠러지 은밀한 곳에 있는 나의 비둘기야 내가 네 얼굴을 보게 하라 네 소리를 듣게 하라 네 소리는 부드럽고 네 얼굴은 아름답구나 우리를 위하여 여우 곧 포도원을 허는 작은 여우를 잡으라 우리의 포도원에 꽃이 피었음이라"(아 2:14-15).

아가서는 솔로몬과 그의 신부에 대한 아름다운 사랑 이야기다. 아가서를 통해 우리는 결혼에 대한 많은 훌륭한 원칙을 배울 수 있다. 그러나 아가서의 가장 중요한 목적은 우리의 신랑이신 그리스도와 그의 신부(교회 안의 우리 각자) 사이의 관계를 보여주기 위함이다.

요한계시록 19:7은 주님과 함께할 우리의 결혼식 날에 대해 이야기하고 있다. "우리가 즐거워하고 크게 기뻐하며 그에게 영광을 돌리세 어린 양의 혼인 기약이 이르렀고 그의 아내가 자신을 준비하였으므로."

아가서 2장에서, 우리는 두 사람의 열정적인 연인 사이의 아름답고 로맨틱한 대화를 볼 수 있다. 그러나 대화 도중 솔로몬은 포도원을 망치고 있는 여우를 잡아야 하는 필요성에 대해 경고한다(아 2:14-15).

몇 년 전, 내가 영국에서 친구를 방문하고 있을 때, 매일 아침 정원에서 여우들이 놀고 있는 것을 보았다. 귀여워서 밖에 나가서 먹이를 주고 쓰다듬고 싶었다. 이때 내 친구는 많은 사람들이 정원에 막대한 피해를 주는 여우의 장난꾸러기 기질에 현혹된다고 말했다.

1. 열정적인 사랑의 대화 중간에 왜 포도밭의 여우가 언급된다고 생각하는가? 솔로몬이 왜 갑자기 포도원의 여우에 대해서 이야기를 꺼냈다고 생각하는가? 여우가 상징하는 것은 무엇인가? 이 사랑 이야기와 어떤 관계가 있는가? 하나님과 우리의 사랑의 관계에서 "여우"는 무엇으로 해석되는가?

어떤 죄는 여우들처럼 해롭지 않은 것처럼 보이기도 한다. 그러나 죄의 실체는 우리의 삶에 커다란 파괴를 가져온다. 솔로몬이 여우에 대해서 말할 때, 여우들이 솔로몬과 그의 연인 사이의 아름다운 사랑의 나눔을 방해하고 혼란을 야기시킨다고 언급한다.

우리는 종종 죄가 우리와 하나님과의 관계에 미치는 영향을 깨닫지 못한다. 우리의 시간과 돈, 미래의 꿈, 소유물, 활동, 인간관계를 하나님께 온전히 드리지 않을 때, 이러한 것들 역시 우리와 하나님 사이의 사랑의 관계에 "방해물" 혹은 "여우와 같은 것"이 될 수 있다.

> "이러므로 우리에게 구름 같이 둘러싼 허다한 증인들이 있으니 모든 무거운 것과 얽매이기 쉬운 죄를 벗어 버리고 인내로써 우리 앞에 당한 경주를 하며"(히 12:1).

히브리서 12:1은 여우에 대한 부분에 대해 통찰력을 준다. "모든 무거운 것과 얽매이기 쉬운 죄…"라고 하는 것을 주목하라. "과"라는 접속사 단어는 이들이 꼭 같은 것은 아닐 수도 있음을 암시한다.

2. 하나님과의 동행을 방해할 수 있는 것들은 무엇이 있는가?

....

....

사단은 하나님과 우리의 관계를 방해하기 위해 명백한 죄 이외의 것들도 사용할 수 있다. 바쁜 삶은 사단이 오늘날 사용하는 가장 흔한 방법 중의 하나다. 우리는 직장, 사역, 인간관계, 일상 생활의 일들에 너무 몰두하여 기도와 하나님의 말씀을 배우고 묵상하는 시간을 연장하지 않는다. "열심히 일하고 열심히 놀아라"라는 한 속담이 있다. 때때로 쉬고, 몸을 관리하고, 뉴스를 따라잡고, 인터넷으로 친구들과 연락하고, 취미를 즐기려고 하는 욕망이 하나님께서 우리와 집중적인 교제를 위해 예비하신 시간을 낭비할 수 있다.

특히 미디어를 통해, 우리의 믿음과 신념을 현 사회의 세상을 보는 관점에 쉽게 스며들게 한다. 말씀은 우리가 그리스도의 마음을 가졌다고 말씀한다(고전 2:16). 사단은 공중의 권세 잡은 자이며(엡 2:1-2), 가치와 신념을 완전히 새로 맞추어 남자들과 여자들이 이를 받아들이도록 유혹한다. 베드로는 이것을 우리에게 경고한다. "사랑하는 자들아 거류민과 나그네 같은 너희를 권하노니 영혼을 거슬러 싸우는 육체의 정욕을 제어하라"(벧전 2:11).

하나님의 말씀을 공부하고 그분의 기준, 확신, 우리의 가치와 신념을 결정할 진리를 찾는 것이 필요하다. 도덕과 문화의 가치가 아닌, 성경적인 가치를 바탕으로 삶에서의 결정을 내리는 것은 필수적이다. 만약 미디어를 사용하느라 많은 시간을 보낸다면, 이는 우리 삶에서 "여우"가 되고, 우리 영혼에 "막대한 피해"를 입힐 수 있다.

3. 생활 속에서 짓는 죄가 당신과 당신의 영혼을 사랑하는 분과의 친밀함에 어떤 영향을 끼쳤는가?

4. 현재 없애버려야 할 "포도원의 여우"(죄, 방해물 등)가 당신의 주변에 있는가?

5. 우리를 방해하고 너무 쉽게 우리를 얽매이게 하는 것들을 어떻게 벗어버릴 수 있는가? 또는 솔로몬이 말한 것처럼 어떻게 "여우를 잡을 수" 있는가?

여우를 잡으라

"그러므로 땅에 있는 지체를 죽이라 곧 음란과 부정과 사욕과 악한 정욕과 탐심이니 탐심은 우상 숭배니라 이것들로 말미암아 하나님의 진노가 임하느니라 너희도 전에 그 가운데 살 때에는 그 가운데서 행하였으나 이제는 너희가 이 모든 것을 벗어 버리라 곧 분함과 노여움과 악의와 비방과 너희 입의 부끄러운 말이라 너희가 서로 거짓말을 하지 말라 옛 사람과 그 행위를 벗어 버리고 새 사람을 입었으니 이는 자기를 창조하신 이의 형상을 따라 지식에까지 새롭게 하심을 입은 자니라"(골 3:5-10).

6. 우리는 어떻게 "옛 사람을 벗어버리고, 새 사람을 입게" 되는가? 어떻게 새 사람을 입는지에 대해 위 말씀의 마지막 구절을 단서로 삼으라. "이는 자기를 창조하신 이의 형상을 따라 지식에까지 새롭게 하심을 입은 자니라."

7. 갈라디아서 5:16–23을 읽으라. "새 사람을 입는" 것에 대한 통찰력을 준다. "새 사람을 입는" 것에 있어서 당신의 역할은 무엇인가? 또한 성령님의 역할은 무엇인가?

"옛 사람"을 벗어버리라

회개는 "여우를 잡는"데 있어서 핵심이다. 당신의 삶에 무거운 것과 죄가 있다면 보여달라고 성령님께 간구하라. 성령님께서 보여주신 죄가 있다면 바로 그것을 하나님께 고백하고 당신을 위해 주님께서 십자가에서 흘리신 피로 깨끗이 씻어지는 용서를 받으라.

그리고 당신의 마음과 삶을 주님께 바치라. 당신을 성령으로 가득 채우고 죄로부터 벗어날 수 있도록 힘을 달라고 간구하라. 이 무거운 것, 혹은 죄의 유혹에 다시는 빠지지 않도록 도움을 받을 수 있는 상담할 사람이나, 혹은 다르게 행동해야 될 것이 있다면 가르쳐 달라고 간구하라.

"새 사람"을 입으라

이제 옛 사람을 벗어버렸으니, 새 사람을 입을 때이다. 하나님께 기쁨이 되고 경건한 삶을 살 수 있도록 성령님의 힘과 사랑으로 채워달라고 기도하라. 크리스천의 삶을 살기 위해 우리 스스로의 힘, 지식, 지혜, 권세에 의지하는 한 우리는 자주 실패할 것이며, 심한 기복을 경험할 것이다.

크리스천의 승리의 삶은 우리가 매일 기도를 통해 하나님께 우리를 성령으로 채워주시고, 죄, 유혹, 다른 장애물을 이길 수 있는 권세를 주시도록 간구해야 한다는 것을 깨달을 때 시작된다. 성령님께서 죄를 드러내실 때 우리는 즉시 고백하고, 회개("옛 사람"을 벗어버리고)해야 한다. 하나님께 순간순간을 의지하여 사는 것("새 사람"을 입었으니)은 그리스도 안에서 "우리가 넉넉히 이기게"할 것이다(롬 8:37).

마음을 새롭게 하라

"너희는 이 세대를 본받지 말고 오직 마음을 새롭게 함으로 변화를 받아 하나님의 선하시고 기뻐하시고 온전하신 뜻이 무엇인지 분별하도록 하라"(롬 12:2).

시간이 지나면서 우리는 생각과 행동의 습관을 만들어가게 된다는 것을 기억하라. 비록 우리는 지금 옛 사람을 벗어버리고 새 사람을 입었지만, 하나님께 우리의 마음을 말씀으로 새롭게 하고 우리의 옛 생각과 습성들을 깨뜨려 달라고 간구해야 한다.

모든 생각을 사로잡으라

"하나님 아는 것을 대적하여 높아진 것을 다 무너뜨리고 모든 생각을 사로잡아 그리스도에게 복종하게 하니"(고후 10:5).

사단은 때때로 옛 생각을 다시 당신 앞에 가져다 준다. 그럴 땐 그리스도께 모든 것을 맡기고 이런 유혹들을 이길 수 있는 권세를 주시도록 성령님을 초대하라. 당신의 마음을 경건한 생각으로 새롭게 해달라고 간구하라. 이런 옛 생각들을 대적할 수 있는 말씀 안에 거하라(빌 4:8).

성령으로 충만함

예수님께서 승천하시기 전에 사도들에게 성령으로 충만하여 복음을 위한 강력한 증인이 되라고 말씀하셨다. "오직 성령이 너희에게 임하시면 너희가 권능을 받고 예루살렘과 온 유대와 사마리아와 땅 끝까지 이르러 내 증인이 되리라 하시니라"(행 1:8).

영적 탄생의 시점에서, 하나님의 영은 우리 안에서 거하기 시작하신다. "그 안에서 너희도 진리의 말씀 곧 너희의 구원의 복음을 듣고 그 안에서 또한 믿어 약속의 성령으로 인치심을 받았으니"(엡 1:13).

비록 성령님께서 우리 안에 거하시지만, 우리는 우리 스스로의 노력을 내려 놓고 성령님께서 우리의 삶을 인도하시도록 간구해야 한다. 성령님께서 우리를 채우시고 힘을 주실 때, 우리는 죄를 이길 것이다. "술 취하지 말라 이는 방탕한 것이니 오직 성령으로 충만함을 받으라"(엡 5:18).

이 말씀에서 바울이 의미하는 것은 어떤 죄가 우리의 삶을 규정하거나 통제하도록 허락하지 말고 성령님께 우리를 통제하시도록 간구해야 한다는 것이다. 성령님께서는 우리에게 죄에 대한 승리를 주실 뿐만 아니라, 우리의 증거함과 우리에게 주신 영적 은사를 통해 그리스도를 위한 담대한 증인이 되도록 채워주신다(고전 12장).

"빌기를 다하매 모인 곳이 진동하더니 무리가 다 성령이 충만하여 담대히 하나님의 말씀을 전하니라"(행 4:31).

다음은 성령 충만을 위한 기도이다. 주님의 영이 당신을 채우셔서 하나님께서 당신에게 주신 권세와 영적 은사 안에서 주님을 섬기고 경건한 삶을 살 수 있도록 하나님께 간구하라.

TIP **회개**(알고 있는 모든 죄) + **내어드림**(그리스도의 주권에 당신의 모든 영역의 삶을) + **성령으로 충만함**(기도를 통해) = **승리의 삶!**

8. 개인적으로 기도할 시간을 잠시 갖고, 모든 죄를 고백하고 당신의 삶을 그리스도의 뜻에 내어드리라. 그리고 성령님께 당신을 채우시고 힘을 주시도록 간구하라. 다음의 기도문을 참고하라.

성령 충만을 위한 기도(부록: 기도문 7)

주님, 나는 __________ (현재 알고 있는 모든 죄)를 고백하고 크리스천의 삶을 살기 위해 혼자의 힘으로 노력했던 모든 것을 고백하고 내려놓습니다. 나는 당신의 주권에 굴복하고 당신의 영광을 위한 나의 삶의 모든 부분을 인도해 주시기를 간구합니다. 성령님으로 나를 채우시고, 인도하시고, 내 삶의 모든 부분에 힘을 불어넣어 주십시오. 그리고 당신께 쓰임받을 수 있도록 당신께서 나에게 주신 영적 은사에 권세를 주십시오. 예수님의 이름으로 기도합니다, 아멘.

서로에게

이 말씀 공부를 통해서 우리는 우리 자신, 하나님 그리고 우리의 영혼을 사랑하시는 분과의 진실된 관계에 집중해 왔다. 우리와 주님과의 사랑의 관계가 깊어지면서, 그리스도와 동행하면서, 서로에 대한 우리의 태도와 행동은 변화될 것이다. 요한복음 15:1–17은 아버지, 아들, 성령님과의 친밀한 관계에 대하여 말씀한다. 그러나 요한복음은 이 관계의 결론은 "반드시 서로 사랑함이 되어야 한다"라고 말씀하며 끝을 맺는다.

"내가 이것을 너희에게 명함은 너희로 서로 사랑하게 하려 함이라"(요 15:17).

우리 자신, 하나님 그리고 우리와 주님과의 관계에서 거짓을 믿는 것의 결과는 다른 사람에게 사랑이 없는 행동을 하는 것이다. 골로새서 3:5–10, 갈라디아서 5:16–23 말씀은 다른 사람들에게 상처 주는 행동 몇 가지를 보여주고 있다.

우리는 지금까지 영적, 감정적인 속박에서 벗어나 새로워질 수 있도록 우리의 마음을 주님께 쏟아 부으며 많은 말씀 공부를 했다. 이 자유의 열매는 더욱 순수하고 경건한 사람으로 하나님과 다른 사람을 사랑하는 것이다.

"그러므로 너희는 하나님이 택하사 거룩하고 사랑 받는 자처럼 긍휼과 자비와 겸손과 온유와 오래 참음을 옷 입고 누가 누구에게 불만이 있거든 서로 용납하여 피차 용서하되 주께서 너희를 용서하신 것 같이 너희도 그리하고 이 모든 것 위에 사랑을 더하라 이는 온전하게 매는 띠니라"(골 3:12-14).

9. 자신과 하나님, 그리고 주님과의 관계에 대해 잘못 믿어왔던 거짓된 것과 당신이 다른 사람들에게 행동하는 모습의 상관관계를 적어보라. 과거와 현재의 경험을 나누어보라. 당신은 골로새서 3:12–14에서 설명한 종류의 사랑을 보여줄 수 있는가?

....

....

우리가 정당화 하기 쉬운 "서로에 대한" 죄가 몇 가지 있다. 이것들을 살펴보고 우리가 어떻게 그토록 쉽게 우리 자신이 "옳다"고 느끼도록 정당화 하는지를 알아보자.

다른 사람과의 비교

다른 사람과 자신을 비교하기가 쉽다. "나보다 이래서 낫고, 나보다 무엇을 더 가지고 있고……." 이것을 지칭하는 성경적인 단어는 '부러움' 혹은 '질투'이다. 부러움과 질투에서 시작되는 죄는 험담, 자기 비하, 불만족, 비방, 앙심, 비판, 불화, 거짓말 등이 있다.

10. 당신은 다른 사람과 어떤 식으로 비교하곤 했는가? 비교하는 것이 당신의 행동에 어떤 영향을 미치는가? 이것이 다른 사람들에게 그리스도의 사랑을 주는 것을 어떻게 방해하는가?

....

....

용서치 못함

우리는 다른 사람으로부터 깊게 상처를 받기도 한다. 만약 그 사람이 사과를 하거나 혹은 그것이 우연이었다는 생각이 들면, 우리는 쉽게 용서한다.

그러나 그들이 사과하지 않고 그들의 잘못된 행동을 인식하지 못할 때는 어떤 생각이 드는가? 그럴 때는 용서하기가 매우 어려울 수 있다. 우리가 다른 사람을 종종 용서하지 않는 이유 중 하나는, 우리가 그들을 용서해주지 않는 것이 그들이 우리에게 한 행동에 대해 다시 갚아줄 수 있는 오직 하나의 방법이기 때문이다. 괴로움과 용서하지 않음은 항상 함께한다.

예수님께서는 십자가에서 가장 놀라운 성결된 모습을 보여 주셨다. "이에 예수께서 이르시되 아버지 저들을 사하여 주옵소서 자기들이 하는 것을 알지 못함이니이다 ……"(눅 23:34).

이 자비로운 용서가 우리에게까지 이어지고 있다. 명백히, 십자가 주위의 군인들과 구경꾼들도 자신들이 그리스도를 핍박하고 있다는 것을 알고 있었다. 그러나 예수님께서는 그들의 표면적인 행동을 넘어 멀리 보시고 인간의 타락한 성향을 아셨다. 예수님께서는 우리가 영적인 시각 안에서의 우리 자신을 이해할 수 없음을 알고, 우리를 용서하시고, 이로써 우리가 하나님과의 경건한 관계를 회복할 수 있도록 하셨다. 그렇다. 우리는 항상 서로를 용서하도록 부름받았다.

바울이 말했다. "서로 친절하게 하며 불쌍히 여기며 서로 용서하기를 하나님이 그리스도 안에서 너희를 용서하심과 같이 하라"(엡 4:32).

하나님께서는 모든 인간의 심판자이시다. "이는 우리가 다 반드시 그리스도의 심판대 앞에 나타나게 되어 각각 선악간에 그 몸으로 행한 것을 따라 받으려 함이라"(고후 5:10). 사람의 악한 행동을 심판하시는 것은 우리가 아닌, 하나님의 역할이시다. 우리의 책임은 서로를 용서하는 것뿐이다.

마지막으로, 우리가 서로를 용서하지 않을 때, 우리는 결국 속박에 묶이게 된다. 사람들은 자신들이 저지른 잘못된 행동을 잊어버리고 아무렇지도 않게 살아간다. 그러나 만약 우리가 그들을 용서하지 않고 하나님께서 직접 일하시도록 맡기지 않는다면, 우리는 계속해서 매일 상처를 받을 것이다. 우리는 매일 묶일 것이다.

우리에게 상처 준 사람들을 용서하는 것이 하나님의 심판에 맡기는 것이고, 우리를 감정적이고도 영적인 속박에서 해방시켜 준다. 용서는 자유를 가져온다!

11. 다른 사람과 비교하는 생각, 다른 사람을 용서하지 않는 당신의 행동을 어떻게 정당화 시키고 있는가? 이것이 죄가 아니라고 느끼도록 당신 자신에게 어떻게 말하고 있는가?

용서 기도(기도문 3)

주님, __________가 저를 __________ 했습니다. 제 마음에 받았던 상처들이 깨끗하게 없어지면 좋겠습니다. 그를 용서합니다. 그분을 축복해 주십시오. 예수님의 이름으로 기도합니다. 아멘.

적용

1. 오늘 공부를 통해 주님께 고백할 만한 다른 사람에게 지은 죄를 발견했는가?

2. 그 회개 기도를 통해 자신이 해야 할 일을 보여달라고 주님께 기도 드리라. 예를 들어, 당신이 상처 준 사람에게 용서를 구하는 행동 같은 것이다. 주님께서 당신의 마음에 주신 것을 적어보라.

3. 당신의 삶에서 다른 사람을 그리스도의 마음으로 대할 수 있도록 돕는 말씀을 찾아서 묵상하고 암기해보라. 예를 들어, 다른 사람에게 화가 나서 견딜 수 없다면 "화"에 대한 말씀을 성경에서 찾아보고, 한 달 동안 적으면서 묵상하라. "온화함"에 대한 말씀을 찾아볼 수도 있다.

과제

1. 요한복음 15:1-17 말씀을 읽고 당신만의 단어로 다시 적어보라. 이 말씀을 통해 무엇을 배웠는지 하나님께 글로 적어보라.
2. 다음 과를 준비한다.

11과

아버지의 영광을 나타내다

"…… 그들이 의의 나무 곧 여호와의 심으신 그 영광을 나타낼 자라 일컬음을 받게 하려 하심이라"(사 61:3).

시작

하나님의 분명한 부르심으로 구체적으로 하게 하신 일들이 있다면 나누어 보라. 예를 들어, 남편과의 결혼, 직업의 선택, 자원 봉사 아웃리치, 누군가를 용서하거나 혹은 그리스도를 구주로 영접하기 등. 하나님의 부르심을 따랐을 때 당신에게 얼마나 이로웠고, 하나님께서 어떻게 그 안에서 영광 받으셨는가?

1. 우리는 이사야 61:3 말씀을 배웠다. 이사야 61:1–3에서 선지자 이사야는 하나님께 받은 삶의 소명인 오실 메시아(예수님)에 대한 예언을 한다. 이 말씀을 다시 읽고, 다양한 하나님의 부르심에 대해 말해보라.

그동안 성경공부를 통해서 하나님은 어떻게 우리를 재(거짓들과 죄) 대신 화관(진리와 의)으로, 슬픔 대신 기쁨으로, 절망 대신 찬양으로 바꾸길 원하시는지 보았다. 그리고 하나님 아버지께서 얼마나 우리 영혼을 사랑하시는지 보았다. 말씀이 우리의 마음을 열어 주님께서 우리 안에서 얼마나 기뻐하시는지, 어떻게 사랑으로 우리를 찾으시는지, 어떻게 우리의 갈급함을 깊게 채워주시는지 보았다.

우리는 우리 영혼의 만족자이신 예수님께 달려가는데 어려움이 있었다. 우리는 함께 하나님과 다른 이들 앞에서 우리 마음 상태에 대하여 매우 솔직해졌다. 우리는 울부짖고, 기뻐했고, 고백했고, 회개했고, 주님의 긍휼한 사랑과 능력으로 가득 채워졌다.

2. 주님께서는 왜 우리가 자유하고, 치유 받고, 새롭게 되기를 원하시는가?

우리는 왜 이 여정에 동참하는가

하나님께서 치유와 회복, 그리고 성장하는 이 여정에 당신을 참여케 하시는 세 가지의 중요한 이유가 있다.

- 첫째로, 하나님의 본질은 그의 창조물에게 그분의 사랑을 쏟아 붓고 그의 자녀들과의 친밀한 관계를 기뻐하시는 것이다.
- 둘째로, 이사야 61:3 끝부분에서 말씀하시길, 우리는 주님의 치유 능력, 사랑, 은혜에 의해 변화되어 주님의 영광을 나타낼 수 있다고 한다.
- 마지막으로, 당신의 여정을 통해 복음을 알지 못하는 자들에게 예수님을 전하기 위해서이다.

하나님의 사랑을 받음

3. 요한복음 15:9–11, 마태복음 6:25–33, 마태복음 7:9–11을 읽어보라. 하나님께서 그리스도를 향한 사랑과 같이, 그리스도도 우리를 향한 사랑을 갖고 있다고 말씀하신다. 하나님 아버지, 그분의 아들, 하나님의 자녀(우리 모두) 사이의 사랑을 묘사해보라.

4. 요한복음 15:9–11에서 그리스도는 우리가 그분의 사랑을 체험할 때, 우리의 "기쁨이 충만하게" 될 것이라고 말씀하신다. 순종과 하나님의 사랑 그리고 충만한 기쁨 사이의 상호 관계는 무엇인가?

그분의 영광을 나타냄

우리는 궁극적으로 우리의 행복이 아닌, 그분의 영광을 위해 여기에 있는 것이다. "너희가 열매를 많이 맺으면 내 아버지께서 영광을 받으실 것이요 너희는 내 제자가 되리라"(요 15:8). 비록 하나님께서는 우리 안에 선한 일을 행하시며 기뻐하시지만, 우리가 변화되어 하나님께 영광을 돌리고 예배하는 삶을 원하신다. 하나님은 우리의 모든 찬양과 영광 그리고 예배를 받으시기에 합당하신 분이시다.

누군가가 그리스도 앞에 나아올 때 가장 기쁜 것은 우리의 위대한 왕을 위한 또 다른 예배자가 영원히 세워진다는 것이다! 하나님과의 올바른 관계가 회복될 때 하나님은 우리 삶의 구주가 되시고, 우리는 그분의 능력과 영광 안에 거하며, 원수는 굴복하고, 하나님은 다시 의로운 찬양과 높임을 받으신다.

5. 하나님께서 우리를 "의로운 나무"로 부르시는 이유가 무엇이라고 생각하는가? 왜 "나무"인가? 왜 "의"인가?

....

....

6. 히브리서 12:10-11을 읽어보라. 하나님 아버지께서는 왜 때때로 우리를 훈련하시는가? 당신의 삶에서 이러한 예를 들어볼 수 있는가?

....

....

7. 하나님께서는 우리가 왜 "주님의 심으심"이 된다고 말씀하신다고 생각하는가?

....

....

"나는 심었고 아볼로는 물을 주었으되 오직 하나님께서 자라나게 하셨나니 그런즉 심는 이나 물주는 이는 아무것도 아니로되 오직 자라게 하시는 이는 하나님뿐이니라"(고전 3:6-7). 우리를 변화시키시는 분은 하나님이라는 것을 기억하라. 우리의 뜻을 주님께 내어드리고, 우리의 죄 많은 생각, 말, 행동을 회개한다. 그러나 우리 삶에 변화를 가져오시는 분은 오직 주님이시다. 그분께서 모든 영광을 받으신다!

이번 과는 겸손에 관한 공부이다. 하나님은 우리 삶의 변화를 통해 모든 영광을 받으실 만하시다. 우리와의 관계를 시작하신 분, 관계를 가능하게 하신 분, 우리를 돌보시고 자라게 하신 분도 그분이시다. 그리스도 안에서 우리를 완전하게 하실 분은 하나님이시다. "너희 안에서 착한 일을 시작하신 이가 그리스도 예수의 날까지 이루실 줄을 우리는 확신하노라"(빌 1:6).

우리를 변화시키는 분이 하나님이시라는 것을 깨닫는 것은 우리를 자유롭게 한다. 하나님께서는 우리가 "더욱 더 열심히 노력하는" 다람쥐 쳇바퀴 같은 일상에서 벗어나기를 원하신다. 우리는 스스로 노력하는 삶이 아닌, 하나님께 의지하는 삶을 살아야 한다.

이러한 성장을 가져오기 위해 하나님께서 우리가 하기를 원하시는 일들이 있다. 예를 들면, 말씀 읽기, 교제, 기도, 다른 사람 보살피기, 순종 등이다. 그러나 궁극적으로, 우리를 변화시키시는 분은 성령님이시다.

> "주는 영이시니 주의 영이 계신 곳에는 자유함이 있느니라. 우리가 다 수건을 벗은 얼굴로 거울을 보는 것 같이 주의 영광을 보매 저와 같은 형상으로 화하여 영광으로 영광에 이르니 곧 주의 영으로 말미암음이니라"(고후 3:17-18).

8. 고린도후서 3:17-18에 따르면, 성령님의 권세에 의지함에 따라 우리 삶에서 나타나는 결과는 무엇인가?

....

....

다른 사람에게 예수님을 전함

하나님께서는 이 세상이 그리스도의 몸인 교회를 통해서 그리스도를 보기를 원하신다. 우리가 아름다움의 관을 쓰고, 의로움의 옷과 찬미의 옷을 입고 걸을 때 세상은 우리 안의 독특성과 다른 무엇인가를 보게 될 것이다. 그 모든 것들이 그리스도께 이끌릴 것이다. 주님께서는 높임을 받으시고, 사람들은 그리스도와의 영원한 관계로 바뀌어지는 삶으로 인도될 것이다.

우리는 다른 사람을 귀하신 우리 구원자의 사랑의 품으로 인도하기 위해서 완벽하지 않아도 된다. 우리는 단지 하나님의 사랑, 용납, 은혜, 용서 그리고 우리 삶에서 나타나는 그분의 능력에 대해서 정직하기만 하면 된다.

사람들은 우리가 그리스도와 동행하는 삶의 충만함을 나눌 때 섬겨진다. 이는 우리의 약함, 실패, 감정적인 어려움, 죄, 두려움, 수치심, 슬픔, 상실에 대한 솔직함을 포함한다.

주님께서 우리의 기도에 어떻게 응답하시는지, 죄 위에 승리를 어떻게 가져오시는지, 거짓과 원수의 견고한 진에서 우리를 어떻게 구하시는지, 우리의 재를 어떻게 아름다움으로 바꾸시는지를 나누는 것 또한 중요하다.

우리가 우리의 실수와 약함에 솔직할 때, 다른 이들은 우리와 교제하며 하나님께서 그들의 삶에서도 일하실 수 있다는 희망을 얻을 수 있다. 물론 우리는 우리의 과거, 죄, 어려움을 선정적으로 말해서는 안 된다. 우리는 항상 그리스도와 그의 성품, 구원의 일하심을 사람들에게 알려야 한다.

9. 고린도후서 12:7–10을 읽어보라. 하나님께서는 바울의 삶에서 주님의 영광을 위해 고난(육체의 가시)을 어떻게 쓰시는가? 약함에 대한 바울의 태도는 무엇인가?

....

....

우리 주위의 사람들은 재, 비통, 절망, 깨진 가슴, 어둠, 사슬 속에서 살고 있다. 그들의 영혼 깊은 곳에서 치유받고, 자유롭게 되고, 사랑받고, 허용받고, 존중받고, 힘과 희망을 받고 싶어 한다.

그들은 당신의 여정을 나눌수록 당신 안의 예수님을 더 알고 싶어 나아온다. 하나님께서는 열림, 솔직함, 다 맡김, 그리고 회개를 원하신다. 이는 다른 사람들을 구원자로 이끄는 삶의 변화를 가져올 것이다.

10. 고린도후서 4:7의 말씀은 무엇을 의미하는가? "보배"란 무엇인가? 왜 우

리는 "질그릇"이라고 불리는가? 우리는 어떻게 "어두운 데에 빛이 비치게" 할 수 있는가?

적용: 불가능은 없다!

이 공부를 통해 우리 자신, 하나님, 하나님과의 관계에 대한 거짓을 발견하는 여행을 할 수 있었다. 우리는 주님을 떠나서 우리의 갈급함을 채우고, 깊은 고통에서 우리의 마음을 보호하기 위해 찾았던 거짓들과 우리 삶의 일부분이 된 재를 고백했다. 우리는 틈과 영적인 견고한 진을 깨기 위해 기도로 전쟁을 하였다. 우리는 매일 말씀을 공부하고 하나님 말씀의 진리를 선포하여 우리를 수년 동안 괴롭혀 온 거짓을 거부하였다. 우리는 더 깊은 묵상 훈련과 하나님 말씀의 공부와 기도가 필요함을 보았다.

하나님께서는 우리가 그동안 배운 그리스도의 사랑으로 다른 사람을 사랑하고, 그들과 솔직하게 믿음을 가지고(두려움이 아닌) 교제하도록 우리를 부르셨다. 그러나 그리스도와 성령님의 능력 없이는 어떠한 변화도 가능하지 않다.

사도행전 1:8에서 예수님께서 말씀하시기를, "오직 성령이 너희에게 임하시면 너희가 권능을 받고 예루살렘과 온 유대와 사마리아와 땅 끝까지 이르러 내 증인이 되리라 하시니라."

하나님의 영에 의해 권능을 받도록, 그리고 새로운 방법으로 믿음이 채워질 수 있도록 기도하는 시간을 가지라. 하나님의 능력을 제한하지 마라. 하나님께서는 그분의 능력을 믿는 믿음으로 이 말씀을 하셨다.

"…… 만일 너희에게 믿음이 겨자씨 한 알 만큼만 있어도 이 산을 명하여 여기서 저기로 옮겨지라 하면 옮겨질 것이요 또 너희가 못할 것이 없으리라"(마 17:20).

"주께서 나의 등불을 켜심이여 여호와 내 하나님이 내 흑암을 밝히시리이다 내가 주를 의뢰하고 적군을 향해 달리며 내 하나님을 의지하고 담을 뛰어넘나이다"(시 18:28-29).

1. 현재, 하나님의 영광을 위한 승리의 삶, 열매 맺는 삶을 사는 것을 불가능하게 하는 장애물이 있다면 적어보라. 이 장애물들을 극복할 수 있도록 하나님께 그분의 권세 안에서 믿음을 달라고 간구하는 기도를 하라.

....

....

바울은 그리스도께서 "화목하게 하는 말씀을 우리에게 부탁하셨느니라 그러므로 우리가 그리스도를 대신하여 사신이 되어"라고 말한다(고후 5:19-20). 이는 목사, 전도사의 직분, 전도의 영적 은사를 받은 사람에게만 해당하는 것이 아니다. 사실, 디모데후서 4:5에서 우리는 모두 "전도자의 일을 하여야 한다"고 나와 있다. 당신 주위의 사람들에게 예수님을 알리기 위한 더 큰 권세와 담대함을 위해 기도하라. "빌기를 다하매 모인 곳이 진동하더니 무리가 다 성령이 충만하여 담대히 하나님의 말씀을 전하니라"(행 4:31). 기도함에 따라, 하나님께서 간증과 복음을 나누기를 특별히 원하시는 사람이 마음에 떠오르게 해달라고 간구하라.

2. 주님께서 당신의 마음에 다가오게 하시는 사람들의 이름을 적어보라. 그리고 그 사람들과 복음을 나눌 기회와 그 사람들을 위해 매일 작정 기도를 하라.

   유용한 도구는 "4가지 영적인 원리"(4영리)라고 불리는 복음을 나누는 것이다. 개인적인 간증과 복음의 말씀을 나누는 것은 그 사람들이 어떻게 믿는 자가 될 수 있는지에 대해 이해할 수 있게 하는 매우 효과적인 방법이다. 부록 3에는 그리스도를 구주로 받아들일 준비가 된 사람에게 사용할 수 있는 '영접 기도'(기도문 1)가 있다.

자매들을 향한 내 기도는 자매들이 이 성경공부의 진리대로 매일 삶을 사는 것이다. 이 성경적 원칙들이 자매들의 생각과 매일의 행동에 자연스러운 부분이 되도록 기도한다. 자매들로 인하여 기뻐하시며 즐거이 노래하시는(습 3:17) 너무나 좋으신 우리 주님과 매일 함께하는 더욱 더 깊고 풍성한 삶이 계속해서 성장해 나아갈 것을 위해 기도한다. 주님께서 매일 사랑으로 자매들을 잠잠케 하시고, 또한 다른 사람들을 주님께로 이끌며 생명을 나누는 증인이 되도록 능력을 주시길 기도한다.

"무릇 시온에서 슬퍼하는 자에게 화관을 주어 그 재를 대신하며 기쁨의 기름으로 그 슬픔을 대신하며 찬송의 옷으로 그 근심을 대신하시고 그들이 의의 나무 곧 여호와께서 심으신 그 영광을 나타낼 자라 일컬음을 받게 하려 하심이라"(사 61:3).

과제

1. 이제, 당신은 이 공부를 통해 다음 단계의 믿음으로 나아갈 준비가 되었다. 하나님께 당신과 같이 공부할 수 있는 그룹을 세워달라고 기도하라. 하나님께서 이 성경공부를 통해 주님의 영광을 위한 변화와 치유와 새롭게 된 삶의 열매를 많이 맺으시기를 기도한다.

부록

- **부록 1:** 나 자신과 하나님에 대한 거짓말들
  나 자신에 대한 진리들
- **부록 2:** 왜 이사야서가 크리스천들에게
  도움이 되는가?
- **부록 3:** 선포 기도문
- **부록 4:** 영광스러운 작은 어린 양

부록 1

나 자신과 하나님에 대한 거짓말들

<table>
<tr><td rowspan="17">나 자신에 대한 거짓말들</td><td>나는 매력적이지 않아! 못 생겼어/ 나는 뭐든지 잘 못해</td></tr>
<tr><td>나는 재능이 없어/ 나는 성격이 좋지 않아/ 나는 수치스러워</td></tr>
<tr><td>하나님이 절대로 나를 사용하지 않으실 거야</td></tr>
<tr><td>나는 용납받을 수 없어/ 나는 절대로 용서받지 못해</td></tr>
<tr><td>나는 하나님을 섬기기에 부족해</td></tr>
<tr><td>하나님 임재 가운데 있기에 나는 너무 죄가 많아</td></tr>
<tr><td>하나님은 내게 싫증나셨을 거야/ 나는 용서받지 못할 존재야</td></tr>
<tr><td>사람들이 나를 정말로 안다면, 나를 용납하지 않을 거야</td></tr>
<tr><td>나는 가치가 없어/ 나는 소용이 없어/ 나는 너무 불쌍해</td></tr>
<tr><td>나는 바보 같아/ 나는 사랑받지 못해/ 나는 안정감이 없어</td></tr>
<tr><td>나는 열등해/ 나는 버려졌어/ 나는 혼자야</td></tr>
<tr><td>나는 보이지 않는 존재야/ 나는 중요하지 않아/ 나는 나빠</td></tr>
<tr><td>나는 불안전해/ 나는 무력해/ 아무도 나를 원하지 않아</td></tr>
<tr><td>나는 적응력이 없어/ 나는 역겨운 존재야</td></tr>
<tr><td>나는 거부받을 만한 존재야/ 나는 너무 재미가 없어</td></tr>
<tr><td>나는 특별하지 않아/ 나는 결점이 있어</td></tr>
</table>

하나님에 대한 거짓말들	하나님은 나에게 신경쓰시기에 너무 바빠 하나님은 내게 먼저 다가오지 않아 하나님은 나와 함께하지 않아/ 하나님은 지속적이지 못해 가끔은 계시고, 가끔은 안 계셔/ 하나님은 나로부터 멀리 계셔 나한테는 용서하지 않는 하나님/ 하나님은 나를 부끄러워 해 하나님은 비판적이야/ 하나님은 너무 많은 것을 바라고 판단해 하나님은 무서워/ 하나님은 나를 이용하고 있어 하나님은 나를 사랑하지 않아 하나님은 나를 도우시기엔 너무 약해 하나님이 나를 도우시기엔 소극적이야 하나님은 인색하고 기다리라고만 해 하나님은 벌 주시는 분이야 하나님은 항상 교훈만을 주시려고 해/ 하나님은 나를 잊었어 하나님은 간혹 실수도 해/ 하나님은 무감각해 하나님은 나에게 나쁘게 대하셔/ 보살피는 하나님이 아니야 하나님은 절대로 나로 만족 못해 하나님은 나를 지배하며 교묘하게 조작하고 있어 하나님은 완벽주의자야/ 하나님은 주권자가 아니야

나 자신에 대한 진리들

나는 용납받았어(속함받다)

- 나는 택함받았고, 하나님의 친구다(사 41:8-9).
- 나는 택함받았다(사 42:1).
- 나는 하나님께 속하였고, 나를 지명하여 불렀다(사 43:1).
- 나는 하나님을 알도록 택함받았다(사 43:10).

- 나는 하나님께 택함받았고, 지음받았다. 그래서 나는 결코 두렵지 않다(사 44:1-2).
- 나는 하나님께 속하였다(사 44:5).
- 나는 태어나기 전에 택함받았다(사 49:1).
- 나는 하나님의 손바닥에 새겨졌다(사 49:16).
- 나는 나의 사랑하는 자에게 속하였다(아 7:10).
- 나는 하나님의 자녀다(요 1:12).
- 나는 하나님의 친구다(요 15:5).
- 나는 그리스도와 합하여 한 영이 되었다(고전 6:17).
- 나는 하나님께서 값으로 산 것이고, 나는 하나님께 속하였다(고전 6:19,20).
- 나는 그리스도의 몸의 한 지체다(고전 12:27).
- 나는 성도다(엡 1:1).
- 나는 직접 하나님 앞으로 나아갈 수 있다(엡 2:18).
- 하나님께서 나에게 하나님의 기업의 부분을 얻기에 합당한 자격을 주셨다(골 1:12).
- 그리스도 안에서 나는 온전하다(골 2:10).
- 나는 하나님께 속하였고, 택함받았다(벧전 2:9,10).

나는 가치 있다(존귀하다)

- 하나님은 나의 영광이시요, 나의 머리를 드시는 분이시다(시 3:3).
- 나를 영화와 존귀의 관으로 씌우셨다(시 8:5).
- 하나님께서 나를 보배롭고 존귀하게 여기신다(사 43:4).
- 나를 통하여 하나님의 영광을 나타낸다(사 49:3).
- 나는 하나님 보시기에 존귀한 자다(사 49:5).
- 나는 부끄러워 아니하며, 하나님께서 나를 도우신다(사 50:7).

- 나는 아름다운 옷을 입었다(사 52:1).
- 하나님께서 나를 영화롭게 하신다(사 55:5b).
- 나는 하나님의 영광을 나타낸다(사 61:3).
- 나는 하나님의 아름다운 면류관, 왕관이다(사 62:3).
- 나는 하나님의 신부: 하나님의 마음을 빼앗았다(아 4:9-10).
- 나는 그리스도와 함께 하늘에 앉은 자다(엡 2:6).
- 나는 산 돌이요, 하나님께 보배로운 자이다(벧전 2:4-6).
- 나는 택하신 족속이요, 왕 같은 제사장이다(벧전 2:9).

나는 순결하다(사함받고 거룩하다)

- 나는 수치를 당하지 않는다(시 25:3).
- 나는 더 이상 죄책감이 없다(시 32:5).
- 내가 주를 앙망하면 부끄러움을 당치 않는다(시 34:5).
- 나는 정죄받지 않는다(시 34:22).
- 동이 서에서 먼 것 같이 하나님께서 나의 죄과를 나에게서 멀리 옮기셨다(시 103:12).
- 나는 구속받았다(사 43:1).
- 나의 허물은 도말되었고, 하나님께서 나의 죄를 기억하지 아니하신다(사 43:25).
- 나의 허물은 도말되었다(사 44:22).
- 그가 채찍에 맞으므로 내가 나음을 입었다(사 53:4-6).
- 나는 반드시 수치와 부끄러움을 당치 아니하고, 하나님께서 나의 부끄러움을 보지 아니하신다(사 54:4).
- 나는 의의 나무다(사 61:3).
- 나는 의의 옷을 입었다(사 61:10).

- 회개하고 돌이키면 유쾌하게 되는 날이 이를 것이다(행 3:19-20).
- 나는 믿음으로 의롭다 함을 얻고, 그리스도와 하나가 되었다(롬 5:1).
- 죄가 나를 주관하지 못한다(롬 6:14).
- 나는 죄에서 해방받고 부끄러운 일에서 벗어났다(롬 6:21-23).
- 나는 결코 정죄받지 않는다(롬 8:1-2).
- 나는 나에 대한 송사에서 해방을 얻었다(롬 8:33-34).
- 나는 구속함을 받고 죄사함을 얻었다(엡 1:7).
- 하나님께서 나의 모든 죄를 사하셨다(골 2:13-14).
- 나는 부끄러움에서 해방받았고, 나는 거룩하다(벧전 2:6,9).
- 나는 죄사함을 받았고, 모든 불의에서 깨끗케 되었다(요일 1:9).

나는 혼자가 아니다(나는 사랑받는 자다)

- 하나님은 나를 보호하신다. 내가 잘 때도 보호하신다(시 4:8).
- 하나님께서 나를 원수의 손에서 건지셨다(시 18).
- 하나님께서 나를 보살피신다(시 121).
- 나는 외롭지 않다. 하나님은 영원히 나와 함께 계신다(시 139:1-10).
- 하나님은 나를 잊지 않으시고 나에게 힘을 주신다(사 40:27-31).
- 하나님은 결코 나를 거절하지 않으신다(사 41:9).
- 하나님은 나에게 힘을 주시고 나를 도와주시고 지지하신다(사 41:10-14).
- 하나님이 나에게 기묘하고 크신 일을 행하시므로 무리들이 그것을 보게 된다(사 41:18-20).
- 하나님의 영이 내 안에 있다(사 42:1).
- 나는 고난 중에서도 외롭지 않으며, 하나님께서 나를 보호하신다(사 43:2-5).
- 하나님께서 내게 유익하도록 가르치신다(사 48:17).
- 하나님께서 나를 긍휼히 여기시고, 결코 나를 잊지 않으신다(사 49:13-15).

- 나는 "찾은 바 된 자, 버림받지 아니한 자"로 일컬음을 받았다(사 62:12).
- 하나님은 나의 위로자이고, 내 안에 계시며, 나는 더 이상 고아가 아니다(요 14:16-18).
- 성령님이 내 안에서 나에게 힘을 주신다(전 1:8).
- 하나님의 영이 내 안에 계시므로 내가 고통 중에서 하나님의 사랑으로 넘친다(롬 5:3-5).
- 하나님의 사랑이 나의 마음과 생각을 지키신다(빌 4:7).

나는 사랑받는 자이다(보배롭고 기쁨으로 일컫는 자)

- 하나님께서 나를 기뻐하심으로 나를 건지셨다(시 18:19).
- 내가 주의 복락의 강수를 마시고, 주의 사랑이 영원무궁하시다(시 36:7-9).
- 나는 주의 기뻐하시는 화원이다(사 5:7).
- 나는 주님 마음에 기뻐하는 자다(사 42:1).
- 주님이 나를 사랑하시고 보배롭게 여기신다(사 43:4).
- 주님은 나의 남편이시다(사 54:5).
- 주님의 사랑은 요동하지 않으신다(사 54:10).
- 주님께서 나에게 "헵시바"라는 이름을 주셨다(사 62:4).
- 주님께서 나를 신부처럼 기뻐하신다(사 62:5).
- 주님께서 나를 "찾은 바 된 자"라 부르신다(사 62:12).
- 주님께서 어머니의 사랑으로 나를 사랑하신다(사 66:13).
- 주님께서 나를 향하신 사랑이 내 위에 깃발이다(아 2:4).
- 주님과 나의 사랑 이야기(아 2:14).
- 주님과 나의 사랑 이야기(아가서 전체).
- 나는 주님의 신부이고, 나는 주님의 마음을 빼앗았다(아 4:9-10).
- 주님께서 나를 사모하신다(아 7:10).

- 주님께서 나로 만족하신다(아 8:10).
- 주님께서 내 안에서 기뻐하신다(습 3:17).
- 하나님께서 나를 이처럼 사랑하사 나에게 독생자를 주셨다(요 3:16).
- 아무것도 나와 그리스도의 사랑을 끊지 못한다(롬 8:35-39).
- 사랑 안에서, 그분은 우리를 자기의 아들들로 삼으셨다(엡 1:4-5).

나를 지으심이 신묘막측하다(나는 아름답다)

- 나는 하나님의 형상대로 지음받았다(창 1:26-27).
- 주님께서 나를 "나의 어여쁜 자"라고 부르신다(아 2:10-13).
- 주께서 나를 지으심이 신묘막측하시다(시 139:13-14).
- 우리는 자기를 지은 자로 더불어 다투지 않을 것이다. 그가 하신 모든 일이 아름답다(사 45:9).
- 나는 아름다운 화관을 얻었다(사 61:3).

나는 안전하다

- 두려워 말고 떨지 말라. 주님께서 내 앞에 가신다(신 31:6-8).
- 두려워 말라. 내가 어디로 가든지 주님이 나와 함께하신다(수 1:9).
- 내가 압제 당할 때 여호와가 나의 방패시요 피난처시다(시 9:9).
- 내 원수 앞에서 여호와는 나의 구원이시요 피난처시요 산성이시요 반석이시요 보호이시다(시 18편).
- 여호와는 나의 목자시다(시 23편).
- 나는 두렵지 않다. 그가 나의 안전을 지키신다(시 27:1-3, 5).
- 여호와는 나의 목자시요 방패와 힘이시다(시 28:7-9).
- 여호와는 나를 보호하시고 구원하신다(시 32:7).
- 여호와께서 위험에 처한 자를 구원하시고, 마음이 상한 자를 가까이 하신

다(시 34편).

- 여호와는 환난 중에 만날 도움이시다(시 46:1-3).
- 여호와께서 우리를 올무와 재난에서 벗어나게 하시고, 천사들로 우리를 보호하게 하신다(시 91편).
- 여호와께서 전후로 나를 두르신다(시 139:5).
- 여호와 보시기에 흑암과 광명이 일반이다(시 139:11-12).
- 나의 모든 날을 여호와께서 정하셨다(시 139:16).
- 그가 나를 품에 안으신다(사 40:11).
- 하나님께서 나의 모든 필요를 아시며, 공급하신다(마 6:25-32).
- 나의 유익을 위하여 그가 모든 것이 합력하여 선을 이루게 하신다(롬 8:28).
- 나는 그리스도 안에서 세워지고 기름부음을 받았고 인쳤다(고후 1:21-22).
- 나는 그리스도와 함께 하나님 안에 감춰었다(골 3:3).
- 내 안에서 선한 일을 시작하신 이가 반드시 이루실 줄을 나는 확신한다(빌 1:6).
- 나는 천국의 시민이다(빌 3:20).
- 나에게 주신 것은 두려워하는 마음이 아니요, 오직 능력과 사랑과 근신하는 마음이다(딤후 1:7).
- 때를 따라 돕는 은혜와 긍휼을 얻기 위하여 은혜의 보좌 앞으로 담대히 나아갈 것이다(히 4:16).
- 나는 하나님께로부터 난 자로서 그가 나를 악한 자와 상처에서 보호하신다(요일 5:18).

내가 새롭게 변화되었다

- 주님은 나의 마음을 소생케 하신다(사 57:15).
- 나는 고침받고 회복될 것이다(사 57:18-19).

- 주님은 나의 "수보자"와 "회복자"이시다(사 58:12).
- 나에게 재 대신 화관이 있다(사 61:1-3).
- 나는 중건되고 회복되고 변화되고 있다(사 61:4).
- 나는 토기장이 손의 진흙이다(사 64:8).
- 나의 마음은 새롭게 됨으로 변화를 받았다(롬 12:2).
- 나는 주님의 형상으로 변화하였다(고후 3:18).
- 나는 매일 새롭게 변화된다(고후 5:16).
- 주님의 징계를 통하여 나는 거룩함을 입었다(히 12:10-11).
- 나는 주님의 일이다(엡 2:10).
- 주님이 내 안에서 일하시므로 그리스도 안에서 나는 완전하게 되었다(빌 1:6).

내가 만족을 얻었다

- 주님의 인자가 생명보다 낫고, 주님이 함께하시므로 나는 만족한다(시 63:2-5).
- 주님은 좋은 것으로 나를 만족하게 하신다(시 103:5).
- 나는 주님 때문에 만족하고, 내 영혼이 주님 때문에 기뻐한다(사 55:2).
- 나는 물 댄 동산 같고, 물이 끊어지지 아니하는 샘 같을 것이다(사 58:11).
- 내가 주님을 심히 사모할 때 그가 반드시 나를 만족하신다(사 66:11).
- 내가 먼저 주님께 구하면 그가 반드시 나의 필요를 채우신다(마 6:25-33).
- 주님은 좋은 것으로 나에게 주신다(마 7:7-11).
- 내 기쁨이 주님 안에서 충만하다(요 15:11).
- 그리스도 안에서 나는 자족한다(빌 4:11).
- 주님께서 그 풍성한 대로 나의 모든 쓸 것을 채우신다(빌 4:19).
- 내가 주님과 동행할 때 만족을 얻는다(딤전 6:6).

나는 의를 가졌다

- 나는 주님의 형상대로 지음받았고, 지으신 모든 것을 다스린다(창 1:26-27).
- 주님께서 나를 향하신 풍성한 계획, 미래와 희망을 갖고 계신다(렘 29:11).
- 나는 세상의 소금과 빛이다(마 5:13).
- 나는 참 포도나무의 가지요, 그 생명의 통로다(요 15:1, 5).
- 나는 과실을 맺기로 택함받았다(요 15:16).
- 나는 그리스도의 증인이다(전 1:8).
- 나는 주님의 일을 관리하고, 주님께서 영광과 존귀의 관을 나에게 주셨다(롬 8:3-6).
- 나는 주님의 성전이다(고전 3:16).
- 그리스도 안에서 나는 새 것이 되었다(고후 5:17).
- 나는 화목하게 하는 대사다(고후 5:18-20).
- 주님의 아름다움이 내게 부어진다(고후 5:21).
- 나는 주님과 함께 일하는 자다(고후 6:1).
- 나는 주님의 선한 일을 위해 지으심을 받은 자니, 이 일은 하나님이 전에 예비하사 나로 행하게 하려 하신 것이다(엡 2:10).
- 나는 주님의 형상대로 지음받았고, 진리의 의와 거룩함이 있다(엡 4:24).
- 그리스도께서 나를 의롭게 여기신다(빌 3:7-10).
- 내게 능력 주시는 자 안에서 나는 모든 것을 할 수 있다(빌 4:13).
- 나는 택하신 족속이요, 왕 같은 제사장이요, 거룩한 나라요, 그의 소유된 백성이다(벧전 2:9-10).

부록 2

왜 이사야서가 크리스천들에게 도움이 되는가?

(글쓴이: 수산 콜 – ⓒ 2009)

하나님의 친밀한 사랑을 더 깊이 이해하고 체험하는 여정 가운데 주님은 지속적으로 나를 이사야서로 인도하시곤 하셨다. 이스라엘이라는 한 나라에 대해 기록된 예언서라는 이유로 아마도 혹자는 이 책의 내용을 한 방향으로 몰아갈지도 모른다.

그러나 우리는 “모든 성경은 하나님의 감동으로 된 것으로 교훈과 책망과 바르게 함과 의로 교육하기에 유익하니”(딤후 3:16)의 말씀을 잘 알고 있다. 구약의 이사야서 역시 우리의 영적 성장에 중요한 역할을 하고, 우리 영혼의 특별한 영역을 심오한 방법으로 다룰 수 있는 독특한 요인이 있음을 믿는다.

이사야서는 명확하게 두 부분으로 나뉘어져 있는데, 1장에서 39장까지는 이스라엘 백성의 우상 숭배와 반역에 대한 하나님의 분노와 책망을 드러내고 있다. 우리가 다른 신들이나 물건(또는 심지어 나 자신에게서 오는 욕망)을 섬길 때 하나님의 마음이 얼마나 슬프신지를 깨닫는 것은 매우 중요하다. 하나님을 향한 이스라엘 백성의 반역에 대한 하나님의 진노는 대단하셨고, 그분의 심판의 정당성은 너무도 실제적이었다.

우리의 죄로 인한 하나님의 진노에 대해 예수님의 희생적이고 대속적인 십자가에서의 죽음으로써만이 우리가 죄사함을 얻게 되었다. 이사야 53장은 그리스도의 죽음을 예언한 구약에서 가장 정확한 장문의 말씀으로 그리스도의 의의 예복을 우리에게 입혀 비난과 심판으로부터 우리를 자유케 하신다 라고 하였다. "그가 찔림은 우리의 허물 때문이요 그가 상함은 우리의 죄악 때문이라 그가 징계를 받으므로 우리는 평화를 누리고 그가 채찍에 맞으므로 우리는 나음을 받았도다"(사 53:5).

이사야 40:1–2에서는 하나님의 백성에게 응답하시는 극적인 변화를 보게 된다. "하나님이 이르시되 너희는 위로하라 내 백성을 위로하라 너희는 예루살렘의 마음에 닿도록 말하며 그것에게 외치라 그 노역의 때가 끝났고 그 죄악이 사함을 받았느니라 그의 모든 죄로 말미암아 여호와의 손에서 벌을 배나 받았느니라 할지니라."

1장에서 39장까지는 하나님의 심판과 적들에게 멸망당하는 나라의 몰락에 대해 예언하고, 반면 40장에서 66장까지는 나라의 회복과 재건에 대해 말씀하고 있다.

이사야서는 오늘날의 그리스도인들과 무슨 연관이 있을까?

베드로전서 2:9에서 모든 그리스도인은 하나님의 "택하신 족속이요 왕 같은 제사장들이요 거룩한 나라요 그의 소유된 백성"이라고 말씀한다.

이사야서는 분명히 그의 선택받은 백성들이 회개하고 주님께 돌아오면 부드러운 사랑으로 용서하시는 하나님의 마음을 보여주고 있다. 우리의 죄가 얼마나 크던지 주님은 의의 예복(사 61:10)으로 우리를 덮으신다.

> "그가 우리를 흑암의 권세에서 건져내사 그의 사랑의 아들의 나라로 옮기셨으니 그 아들 안에서 우리가 속량 곧 죄 사함을 얻었도다"(골 1:13-14).

우리는 십자가에서의 예수 그리스도의 피가 우리를 덮고 하나님의 진노의 심판으로부터 우리를 옮기셨음을 알고 있다. "하나님이 죄를 알지도 못하신

이를 우리를 대신하여 죄로 삼으신 것은 우리로 하여금 그 안에서 하나님의 의가 되게 하려 하심이라"(고후 5:21).

우리는 여전히 어리석게도 가끔씩은 하나님을 외면하고 육신의 정욕을 따르기도 하지만, 이사야서에 나타난 가혹한 말씀이나 형벌은 더 이상 받지 않게 되었다.

그리스도를 통해 의로 여김을 받은 우리는 하나님과의 관계가 회복되고 이사야서 전체에(특별히 두 번째 부분의 중간) 묘사된 아버지와 남편으로서의 하나님과의 친밀함을 누릴 수 있게 되었다. 신약에서는 이사야서를 다른 어떠한 구약에서보다 많이 인용하고 있다. 그리스도 스스로가 이사야 61:1을 인용하여 포로된 자에게, 눌린 자에게 자유를 선포하는 예언을 이루기 위해 오셨음을 증거하셨다(눅 4:17-21).

지금부터는 하나님의 사랑하는 신부를 향한 그분의 마음을 볼 수 있는 이사야서 다수의 구절들을 묵상해보자. 이사야서의 많은 구절들이 "내 이름으로 불려지는 모든 자 곧 내가 내 영광을 위하여 창조한 자"(사 43:7)를 위한 말씀이라는 것임을 명시하고 있다.

성경 학자이며, 저술가인 알렌 맥리(Allan MacRae)는 이사야 43:1–2의 주석을 주로 이스라엘을 위해 쓰여진 많은 구절들이 현대를 살아가는 오늘날의 그리스도인들에게 여전히 중요하게 적용되는 말씀들이라고 자세히 설명하고 있다.

> "야곱아 너를 창조하신 여호와께서 지금 말씀하시느니라 이스라엘아 너를 지으신 이가 말씀하시느니라 너는 두려워하지 말라 내가 너를 구속하였고 내가 너를 지명하여 불렀나니 너는 내 것이라 네가 물 가운데로 지날 때에 내가 너와 함께 할 것이라 강을 건널 때에 물이 너를 침몰하지 못할 것이며 네가 불 가운데로 지날 때에 타지도 아니할 것이요 불꽃이 너를 사르지도 못하리니"(사 43:1-2).

위의 두 구절은 중요하게 이스라엘과 관련이 있지만, 하나님의 특별한 피조물인 모든 그리스도인들에게도 동일하게 적용될 수 있는 말씀이다. 하나님의 창조 능력은 우리를 어둠에서 빛으로, 사단의 권세에서 하나님의 권세로 옮기셔야만 했다.

죄로 인해 길을 잃었던 모든 사람들을 위해 주님께 영원히 속할 방법으로 십자가를 통해 우리 죄의 대가를 지불하셨고, 또한 하나님의 우리를 향한 분명한 목적 없이는 우리 인생에 어떠한 일도 일어나지 않음을 알아야 한다. 하나님은 이스라엘 백성들에게 그들의 인생 가운데 일어날 수 있는 일들에 대해 "두려워하지 말라"라는 엄숙한 명령과 분명한 확신으로 말씀하셨다. 하나님은 만물을 다스리시고 그 뜻대로 부르심을 입은 자들에게는 모든 것이 합력하여 선을 이루는 분이시다.

모든 그리스도인들이 이 두 구절의 말씀을 마음에 두어 큰 축복의 삶이 되길 바란다.

하나님께서 이스라엘을 창조하셨고, 만들어가셨고, 구원하셨다는 사실과 그들 삶에서 벌어지는 모든 일들이 하나님의 계획의 일부이고, 궁극적으로는 하나님의 선하심을 위해 작정되었다는 것을 깨달았다면 그들의 문제는 훨씬 간단했을 것이다.

위 2절에서는 하나님의 백성에게 앞으로 큰 어려움이 없을 거라는 약속이 아닌, 그들이 환난을 겪을 때 홀로 내버려 두지 않으시겠다는 약속을 주셨다. 비록 하나님께서 이스라엘 백성을 향해서 말씀하신 구절들이지만, 모든 믿는 자들이 이 말씀을 암송하여 자신의 삶에 적용하면 좋을 것 같다(MacRae, 78-79쪽).

우리는 많은 열망을 가지도록 창조되었다. 우리들 마음에서 오는 바람은 누군가에겐 소중히 여겨지고 특별한 것이며, 우리는 하나님을 예배하고 흠모하도록 창조되었지만, 역시 하나님께 사랑받고 소중히 여김을 받는 존재들이다.

이사야의 두 번째 부분은 주님이 우리와 함께 얼마나 친밀한 사랑의 관계를 원하시는지에 대한 가장 빛나는 내용이다. 하나님은 우리를 "친구", "신부", "주님께 속한 자", "좇음을 받는", "선택받은", "헤프지바"(네 안에 내 빛이 있다), "딸"과 같은 매우 열정적인 언어를 사용하여 우리를 부르셨다.

또한 "너는 내 것이다", "너는 나의 기쁨이다", "나는 너를 구원하였다", "나는 너의 이름을 부른다", "나는 너를 위로한다", "너를 내 손바닥에 새긴다", "너의 창조주가 너의 남편이다", "너를 향한 나의 사랑은 영원하다"와 같은 부드러운 언어로 묘사하여 우리에 대한 하나님의 열정을 나타내셨다.

우리를 향하신 하나님의 사랑에 대한 소중한 책, 이사야서로 묵상을 시작할 때 하나님을 갈망하게 되고, 우리의 사랑을 원하고, 우리의 영혼을 긍휼히 여기시는 연인에게로 더욱 다가가게 될 것이다. 그분의 말씀은 우리를 소생시키시고, 사랑하시고, 용서하시고, 위로하신다.

우리 하나님은 우리에게 화관을 주어 그 재를 대신하며, 희락의 기름으로 그 슬픔을 대신하며, 찬송의 옷으로 그 근심을 대신하게 하시는 분이시다(사 61:3).

부록 3

선포 기도문

영접 기도(사영리)(부록: 기도문 1)

주 예수님, 주님을 믿고 싶습니다. 십자가에서 죽으심으로 내 죄값을 담당하시니 감사합니다. 지금 나는 내 마음의 문을 열고, 예수님을 나의 구주, 나의 하나님으로 영접합니다. 나의 죄를 용서하시고, 영생을 주심을 감사합니다.

나를 다스려 주시고, 나를 주님이 원하시는 사람으로 만들어 주옵소서. 예수님의 이름으로 기도합니다. 아멘.

회개 기도(부록: 기도문 2)

나의 죄악된 행위 ____(예)____를 고백합니다. 이 죄악된 행위를 회개하고 나의 보호자, 공급자, 그리고 나의 필요와 갈급함을 만족케 하시는 주님께 돌아갑니다. 예수님의 이름으로 이 죄악된 행위를 통해서 사단이 얻었을지도 모르는 어떠한 근거도 철회합니다. 이 죄악된 행위에 다시 빠지지 않고 승리할 수 있게 하시는 성령의 능력과 충만함을 기도합니다. 예수님의 이름으로 기도합니다. 아멘.

★ 예: 불신, 용서하지 못한 것, 질투, 비교의식, 다른 사람에게 방어벽 쌓는 것, 우상 숭배 등.

용서 기도(기도문 3)

주님, ____________가 저를 ____________ 했습니다. 제 마음에 받았던 상처들이 깨끗하게 없어지면 좋겠습니다. 그를 용서합니다. 그분을 축복해 주십시오. 예수님의 이름으로 기도합니다. 아멘.

고백하고 포기하는 기도(부록: 기도문 4)

예수님의 이름으로 나는 내가 믿었던 내 자신에 대한 이름인 __(예1)__ 을 거절합니다. 예수님의 이름으로 명하노니 __(예2)__ 을 믿게 한 악한 영은 떠나갈지어다! (평강과 확신이 올 때까지 계속 외친다.) 나는 내가 이 이름을 받아들였을 때 사단이 얻었을지도 모르는 어떠한 근거도 철회합니다.

그리고 나는 __(예3)__ 라는 주님이 내게 주신 의로운 이름을 믿습니다. 예수님의 이름으로 자유를 선포합니다. 예수님의 이름으로 기도합니다. 아멘.

★ 예 1: 나는 별로이다, 나는 나쁜 사람이다, 나는 바보다, 나는 하찮은 존재다, 나는 눈에 띄지 않는 작은 존재이다, 나는 쓸모가 없다, 나는 마음에 안드는 존재이다, 나의 이런 부분이 마음에 안든다, 나는 애처롭다, 나는 너무 __________ 하다.

★ 예 2: 엄마 뱃속에서부터 생긴 두려움, 초등학교 때 생긴 열등감.

★ 예 3: 보배로운 보석, 왕 같은 제사장, 거룩한 백성, 가치 있는 자, 아름다운 관, 주님의 기쁨, 예수님의 신부, 영광스런 자, 주님의 귀한 자녀, 소중한 자, 선택된 자.

하나님과의 관계회복을 위한 기도(부록: 기도문 5)

예수님의 이름으로 나는 하나님이 _(예1)___ (의) 거짓을 물리칩니다. 나는 내가 이 거짓을 믿었을 때 사단이 얻었을지도 모르는 어떠한 근거도 철회합니다. 그리고 나는 하나님이 _(예2)___ (의) 하나님에 대한 진리를 믿습니다. 예수님의 이름으로 자유를 선포합니다. 예수님의 이름으로 기도합니다. 아멘.

★ 예 1: 하나님에 대한 거짓말

(멀고, 수동적, 약한, 까다로운, 닿기 어려운, 매서운, 기쁘게 하기 어려운, 화난, 비판적인, 판단하는, 치우친, 지루한, 구두쇠의, 돌보지 않는, 사랑이 없는, 공정하지 못한, 용서가 없는, 복수의, 친절하지 않은, 인내심이 없는, 제한된, 잘 잊어버리는, 현명하지 못한, 사려깊지 못한, 비열한, 변절하는, 믿을 수 없는)

★ 예 2: 하나님에 대한 진리

(좋으신, 친절하신, 사랑의, 인내심의, 보살피는, 강하신, 전능하신, 현명하신, 사려 깊으신, 인정 많으신, 용서의, 능동적이신, 임재하시는, 부드러우신, 질투의, 공평하신, 공의의, 공정하신, 경건하신, 감사의, 공급하시는, 후하신, 주권의, 가까이 할 수 있는, 전지전능의, 위엄있는, 규율이 있는, 모든 것을 아시는, 완벽한, 위대하신)

순복의 기도(부록: 기도문 6)

주님, 내 영혼의 연인이시고 만족자가 되어 주셔서 감사합니다. 삶에 충만함을 가져오기 위해 ______________ (당신의 영혼을 만족하기 위해 하나님 이외에 사용해왔던 사물이나 사람)을 바라본 것을 용서하여 주십시오. 나는 삶의 모든 이런 "우상"을 포기하고, 깊은 즐거움과 지속되는 만족을 주실 수 있는 오직 한 분으로서 주님을 인식합니다. 내 갈망의 대상(하나님께서 채워주시길 갈망하는 것들을 언급)에 대해 주님을 신뢰할 수 있는 더 깊은 믿음으로 채워주십시오. 주님을 향한 나의 찬양, 사랑, 의존이 어떻게 더욱 깊어질 수 있을지 보여주십시오. 예수님의 이름으로 기도합니다. 아멘.

성령 충만을 위한 기도(부록: 기도문 7)

주님, 나는 __________ (현재 알고 있는 모든 죄)를 고백하고 크리스천의 삶을 살기 위해 혼자의 힘으로 노력했던 모든 것을 고백하고 내려놓습니다. 나는 당신의 주권에 굴복하고 당신의 영광을 위한 나의 삶의 모든 부분을 인도해 주시기를 간구합니다. 성령님으로 나를 채우시고, 인도하시고, 내 삶의 모든 부분에 힘을 불어넣어 주십시오. 그리고 당신께 쓰임받을 수 있도록 당신께서 나에게 주신 영적 은사에 권세를 주십시오. 예수님의 이름으로 기도합니다. 아멘.

부록 4

영광스러운 작은 어린 양

(글쓴이: 수산 콜 – ⓒ2005)

어느 날 하나님께서 흥미로운 여정으로 나를 이끄셨다. 하나님은 나에게 당신을 따르며 보고 듣고 배우라고 말씀하셨다. 그래서 나는 바람이 부는 긴 잔디밭 길을 따라갔다. 나는 아무 말도 하지 않고 그저 하나님께서 보여주시는 모든 것을 조용히 관찰했다.

먼저 하나님께서는 나를 울퉁불퉁한 바위 절벽으로 인도하셨다. 잔디는 조금밖에 없었고, 바람은 매섭게 불어댔다. 조금은 쓸쓸하고 격리된 곳이었다.

그런데 멀리서 희미하게 흐느끼는 소리가 들려왔다. 내가 귀를 기울여 가까이 다가갔더니 불쌍한 동물 한 마리를 볼 수 있었다. 그 동물은 추위에 떨며 웅크리고 있었다. 진흙으로 더럽혀진 동물의 마른 몸에 진드기와 기생충이 가득했다. 그 동물 곁엔 아무도 없었다. 동물을 먹이거나, 보살펴주거나, 안아주거나, 보호해주는 사람이 없었다. 먹이를 찾아 헤매는 포식 동물이 이 바위 절벽을 넘어오게 되면 잡혀 먹힐 게 확실했다. 어쩌면 외롭고 병약하고 공격받기 쉬운 불쌍한 어린 양에게는 혼합된 축복일지도 모른다.

나는 이것을 보면서 어서 빨리 착한 목자가 와서 절망과 어둠 속에 있는 어린 양을 구해주기를 간절히 바랬다. 나는 어린 양을 도와주고 싶었지만, 예수님께서 계속 하셔서 함께 가자고 내게 신호를 주셨다. 어린 양이 고독한 절망 속에서 울부짖는 소리를 들으니 내 마음은 동정의 비통함을 느꼈다.

계속해서 예수님과 길을 걷다가 나는 멀리서 또 다른 명랑한 어린 양의 소리를 들었다. 어린 양은 우리 앞에서 까불며 이 바위에서 저 바위 위로 뛰어다니고 있었다. 어린 양은 잘 먹고 보살핌을 잘 받아 완전하게 만족스러워 보였다. 주위에 다른 양떼도 있었지만, 나는 이 특별한 어린 양에게서 눈을 떼지 못했다. 어린 양은 목자 주위를 뛰어다니며 마치 목자를 위해 춤을 추며 그를 기쁘게 하고 있는 것처럼 보였다. 목자는 즐겁게 바라보며 웃다가 가끔씩 손을 내밀어 어린 양을 쓰다듬어 주었다. 그들 사이의 사랑은 접촉이었다. 어린 양은 매우 자신 있어 보였고 안전해 보였다.

그런데 목자와 함께 걷던 어린 양은 갑자기 벼랑 끝의 작은 구덩이에 있는 풀에 마음이 산만해졌다. 목자는 속히 어린 양이 벼랑 끝에서 물러나도록 주의를 주었다. 목자는 신선하고 부드러운 풀 뭉치를 어린 양에게 내밀며 어린 양을 유인했다. 그렇지만 어린 양의 호기심은 너무나도 컸다.

어린 양은 주인의 경고를 무시했고, 갑자기 구덩이 속으로 굴러 떨어졌다. 어린 양은 구덩이 속에서 한참을 고통스럽게 몸부림을 치며 울부짖다가 지쳐서 멍하게 누워있었다. 어린 양은 피가 나는 다리를 떨며 갈라진 틈으로 올라오려고 애를 썼다. 그렇지만 소용이 없었다. 어린 양의 다리는 심하게 다쳤고, 그 고통은 극에 달했다.

목자는 순간적으로 내려가 쉽게 어린 양을 들어 자신의 가슴 가까이 안아주었다. 어린 양은 더 이상 자신감 있고, 모험적이고, 사교적이지 못했다. 어린 양은 목자의 가슴에 머리를 파묻은 채 고통을 느끼며 떨기 시작했다. 목자는 어린 양을 더 가까이 끌어 안았다. 너무나도 가까이 끌어 안았기 때문에, 나는 어린 양이 목자의 심장 소리를 들을 수 있을 것이라고 생각했다.

목자의 따뜻한 가슴은 급속히 어린 양을 편안하게 만들어 주었다. 목자의 품에 편안하게 자리잡은 어린 양은 이제 안전하다는 것을 알았다. 목자의 부드러운 사랑과 동정심이 어린 양을 덮어주었고, 다친 부분을 즉시 치료하기 시작했다. 어린 양은 울음을 그쳤다. 아픔의 고통이 가신 듯했다. 어린 양은 계속해서 목자의 강하고 따뜻한 품에 영원히 있고 싶은 마음에 상처가 없어지지 않기를 바랄 뻔했다! 춤추며 장난치고 모험적인 것은 재미있었다.

그렇지만 완전하게 목자의 품 안에 몸을 내맡기고 있는 것이 어린 양의 삶 가운데서 가장 즐거운 것임을 깨달았다. 어린 양은 연약했고, 도움이 필요했고, 완전히 의존적이었지만, 영광스러웠다! 어디에도 이것을 대신할 곳은 없었다.

내가 눈을 돌려 "계속해서 길을 갈까요?" 하고 예수님께서 계셨던 곳을 바라 봤을 때 예수님께서는 그 자리에 안 계셨다. 내가 바위 언덕을 돌아 봤을 때 나는 예쁜 어린 양을 안고 있던 목자가 바로 나의 주님, 예수님이셨음을 깨달았다. 예수님은 어린 양을 쓰다듬어 주시며 눈물을 흘리고 계셨다.

내가 더 자세히 바라보니 아름답고 잘 키워진 어린 양이 아니라, 처음에 봤던 그 불쌍한 어린 양이었다. 예수님의 눈물이 어린 양 위로 떨어지자, 어린 양은 변화하기 시작했다. 어린 양의 털은 눈처럼 하얗게 되었고 몸에 있던 병들도 떠나갔다. 어린 양의 울음과 떨림도 그쳤다.

어린 양은 고개를 들어 예수님을 바라보았다. 어린 양의 눈이 예수님의 눈과 마주치자 어린 양과 목자의 눈에서 눈물이 흘렀다. 나는 동정심과 사랑 그리고 부드러움을 이렇게 자세히 본적이 없다.

어린 양을 안고 있던 팔은 더 가까이 양을 끌어안았다. 어린 양은 수치심과 비관적으로 눈길을 돌렸다. 그렇지만 목자는 속히 어린 양의 고개를 돌려 자신의 눈과 다시 마주치게 했다. 이번에는 다른 눈길이었다.

나는 이번에는 은혜와 용서의 눈길임을 알 수 있었다. 어린 양은 목자의 사랑의 은혜를 받아들였다. 마치 에너지 파동이 어린 양에게 전해진 것 같이 어린 양은 흥분하며 꿈틀거리기 시작했다.

목자는 어린 양을 내려 놓았고, 어린 양은 목자 주위를 돌며 춤을 췄다. 목자는 어린 양과 함께 즐겁게 춤을 추며 사랑의 노래를 부르기 시작했다. 어린 양은 주님의 어린 양이라는 것이 너무나도 특별하고 너무나도 영광스러웠다. 둘이 함께 춤을 추며 길을 내려갈 때 목자는 어린 양에게 특별한 사랑의 노래를 불러주었다. 목자가 어린 양에게 이름을 지어주었는데 "항상 내 마음 가까이"라는 뜻이 있는 이름이었다.

그 순간 나는 이 여정은 오직 한 어린 양의 삶을 보기 위한 것이라는 것을 깨달았다. 처음에는 어려움과 외로움이 있었다. 어린 양은 매맞고, 버림받고, 위험한 상태에 놓였으며, 잔인한 세상으로부터 보호받지 못했다. 어린 양은 자신이 불쌍하고, 소망이 없으며, 가치가 없고, 소중하지 않다는 거짓말을 믿으며, 자포자기 상태에 있었다.

그렇지만 어린 양의 구세주가 오셨다. 그분은 친절하고, 생각이 깊으며, 자비로웠다. 어린 양은 받을 자격이 없다는 것을 알고 있었지만, 그분은 어린 양을 구원해 주었고, 자신의 것으로 여기셨다.

어린 양은 날이 갈수록 튼튼하게 자랐다. 어린 양은 다른 양떼와도 사이 좋게 지냈다. 그리고 너무나도 훌륭하고 모든 것을 공급해주며, 보호해주는 목자와 함께 있다는 것에 기뻐하고 감사해 했다. 어린 양은 주님이 자기를 사랑하고 계시다는 것을 잘 알았다. 왜냐하면 주님은 어린 양에게 항상 신실하고 잘 보살펴 주었기 때문이다.

그렇지만 어느 날 어린 양은 자기 주인의 목소리에 귀를 기울이지 않고 산만해졌다. 어린 양은 길을 걷다 죄에 걸려 넘어졌고 상처투성이가 되어 버렸다. 처음에는 아픈 상처를 무시하고 스스로 일어서려고 노력해 보았다. 아주 조금은 살살 걸을 수 있었다. 그렇지만 구덩이 속에서 나올 순 없었고, 시간이 지날수록 다친 상처의 고통은 심해져만 갔다.

어린 양은 절망적이었다. 이런 느낌은 오래 전부터 있었다. 이것은 죽음이

기다리고 있던 벼랑 끝의 불쌍한 어린 양 때부터가 아니었다. 어린 양은 슬피 울며 떨기 시작했다. "오래 전의 무력하고, 무섭고, 약하고, 상처투성이고, 사랑받지 못하고 버려졌던 그때로 다시 돌아왔는가 ……."

그렇지만 곧 어린 양은 따뜻하지만 강한 주인의 손길이 자신을 들어 올림을 느꼈다. 그는 어린 양을 자신의 가슴 가까이 안았다. 어린 양은 갑자기 자기의 새로운 이름 "항상 내 마음 가까이"가 기억이 났다. 어린 양은 그 전에는 전혀 느껴보지 못했던 사랑을 느꼈다. 주님은 같은 목자였지만, 어린 양의 눈은 주님의 사랑을 새롭게 깨닫게 되었다.

주님이 어린 양에게 신호를 주어 나오게 했다. 주님은 어린 양을 보살피는데 시간을 들이셨고, 어린 양의 아픔에 눈물을 흘리셨다. 주님은 어린 양을 열정적으로 안아주며 안심시켜 주었다. 어린 양은 너무나도 영광스러웠다. 주위에는 다른 양떼들도 있었지만, 주님의 관심과 사랑은 어린 양에게 쏟아졌다.

어느 날 오후에 주님이 모든 양떼에게 하던 말씀이 무슨 뜻이었는지 어린 양은 생애 처음으로 깨달을 수 있었다. "너희는 내 눈에 소중하고 영광스럽기 때문이고, 내가 너희를 사랑하기 때문이란다."

어린 양은 겸비해졌고…… 온전히 의지하며…… 부서졌고…… 사랑받았고, 영광스러웠다.

‘재 대신 화관’ 성경공부를 통한 삶의 변화 일지

과	배운 말씀 적용하기	실천 과정 및 결과
소개		
1과		
2과		
3과		
4과		
5과		

과	배운 말씀 적용하기	실천 과정 및 결과
6과		
7과		
8과		
9과		
10과		
11과		

여성 성경공부 교재

재 대신 화관 성경공부 학생용

수산 콜 · 그레이스 임 지음
민수진 · 그레이스 임(임승옥) 옮김

1쇄 발행 | 2014. 9. 20
4쇄 발행 | 2025. 3. 10

펴낸이 | 오생현
펴낸곳 | 베다니출판사
등록일 | 1992. 5. 6(제3-413호)

주소 | 서울시 송파구 새말로10길 18-1, 4층 (우편번호 05810)
전화 | (02) 448-9884~5
팩스 | (02) 6442-9884

www.bethany.co.kr
bethanyp@hanmail.net

값 12,000원

ISBN 978-89-5958-152-8 (04230)
ISBN 978-89-5958-151-1 (세트)

• 잘못된 책은 구입하신 곳에서 교환해 드립니다.

베다니출판사는 문서사역을 통해 예수가 삶의 주인과 구주가 되심의 진리를 발견하게 하고, 풍성한 삶과 증인의 삶을 살도록 돕습니다. 그리스도 안에 감취인 복음의 비밀을 깊이 깨달을수록 더욱 풍성하고 행복한 삶을 살 수 있습니다.